U0614639

体育强国建设
及其实现路径研究

张 颖◎著

中国水利水电出版社
www.waterpub.com.cn
·北京·

内 容 提 要

　　本书是在对我国体育进行长期研究、搜集大量相关资料的基础上撰写的，并借鉴参考了诸多学者的相关研究，是关于体育研究成果的结晶。 全书主要对体育强国建设及其实现路径进行了系统研究，阐述了体育强国战略的概念、发展背景和相关问题；分析了我国竞技体育的发展等。

　　本书语言简练、结构清晰、内容丰富，系统性、时代性、创新性等特点显著， 具有非常高的参考和借鉴价值。

图书在版编目(CIP)数据

体育强国建设及其实现路径研究/张颖著.—北京：
中国水利水电出版社,2018.9 （2024.10重印）
　ISBN 978-7-5170-6934-8

　Ⅰ.①体…　Ⅱ.①张…　Ⅲ.①体育事业－发展－研究
—中国　Ⅳ.①G812

中国版本图书馆 CIP 数据核字(2018)第 221685 号

书　　　名	**体育强国建设及其实现路径研究** TIYU QIANGGUO JIANSHE JI QI SHIXIAN LUJING YANJIU
作　　　者	张　颖　著
出版发行	中国水利水电出版社 （北京市海淀区玉渊潭南路 1 号 D 座 100038） 网址：www. waterpub. com. cn E-mail：sales@waterpub. com. cn 电话：(010)68367658(营销中心)
经　　　售	北京科水图书销售中心（零售） 电话：(010)88383994、63202643、68545874 全国各地新华书店和相关出版物销售网点
排　　　版	北京亚吉飞数码科技有限公司
印　　　刷	三河市元兴印务有限公司
规　　　格	170mm×240mm　16 开本　16 印张　210 千字
版　　　次	2019 年 2 月第 1 版　2024 年 10 月第 2 次印刷
印　　　数	0001—2000 册
定　　　价	77.00 元

凡购买我社图书，如有缺页、倒页、脱页的，本社营销中心负责调换

前　言

党的十九大报告中指出："要广泛开展全民健身活动,加快推进体育强国建设。"随着我国综合国力的不断提升,建设体育强国成为我国体育事业发展的重要目标,同时,体育强国梦也是中国梦的重要组成部分,是实现中华民族伟大复兴的重要内容。

在新时代的引领下,如何实现体育强国梦,成为所有体育人的奋斗目标。为了让更多的人了解体育强国战略,并为实现体育强国战略作出贡献,作者在总结很多学者关于体育强国战略相关研究的基础上撰写本书,旨在为体育教师、体育从业者和研究者等群体提供一定的理论参考和实践指导。

本书主要是对体育强国战略及其实现路径进行系统地研究。全书共分八章,第一章主要阐述了体育强国战略及其发展背景,主要包括体育强国的概念和发展背景,并对体育强国中的相关问题进行探讨;第二章主要是对体育强国的评价指标体系进行构建;第三章主要阐述了体育文化软实力,对我国体育文化软实力提升与发展的策略进行了探究;第四章对我国竞技体育的发展进行了分析,主要对我国竞技体育的发展策略以及中国奥林匹克运动的发展进行分析;第五章主要对我国学校体育的发展概况以及发展策略进行了研究;第六章对群众体育的发展进行了研究,主要包括群众体育的发展策略,社区体育、农村体育和新生代农民工体育与体育强国协调发展的对策;第七章主要对我国民族传统体育的发展概况进行分析,并提出了其发展策略;第八章主要分析了我国体育产业的发展现状,并提出我国体育产业的发展战略。

从整本书的构架看,本书立意新颖、结构严谨、思路清晰、内容丰富,对体育强国建设及其实现路径进行了系统研究,从各个路径对体育强国战略的实现进行了积极探索,具有一定的理论意义和实践价值。

本书在撰写过程中,参考了很多体育强国建设的相关书籍和文献,在此向相关作者表示由衷的感谢。由于本人水平和时间有限,书中难免会有不妥之处,恳请各位读者批评指正。

张　颖

2018 年 6 月

目　录

第一章 体育强国战略及其发展背景概述

建设体育强国是我国体育的未来发展目标,而体育强国战略是在体育大国的基础上提出的符合目的、符合规律的伟大构想。本章密切联系体育强国战略的背景,对体育强国及其相关概念、体育强国的发展背景、体育强国建设中的相关问题进行全面解析,力求进一步夯实体育强国的理论基础,为体育强国战略目标的实现提供理论指导。

第一节 体育强国及其相关概念解析

一、体育强国的概念

自体育强国战略提出以来,相关专家和学者对体育强国概念的研究从未中断过,从某种程度来说体育强国是一个比较的、定性的概念。衡量体育强国的一项可行性手段就是在比较的基础上产生结论。众所周知,美国是世界上公认的军事强国、教育强国、体育强国,通过与美国进行比较可以看出,我国与美国无论是在经济、军事还是体育上都存在一定的差距,由此判断我们现阶段不是体育强国。因此,我们提出了向体育强国迈进的战略目标,在实现这一目标的过程中我们清醒地认识到,体育大国是实现体育强国的基础。"强"是指有力、程度高,"强"更是针对"弱"提出的。正是由于"体育强国"是一个定性的概念,因此在对体育强国概念的表述上就出现了不同的观点。

综合分析针对体育强国概念提出的观点会发现,这些观点有三个方面的共同特征:第一,体育强国代表着国家体育综合实力,是一个多维的概念;第二,我国目前还不是体育强国;第三,体育强国是指体育综合实力位居世界前列的国家。基于这些观点,本书里将体育强国的概念概括为:体育强国是指群众体育、竞技体育、体育科技、体育产业、体育教育、体育文化等体育综合实力位居世界前列的国家。

二、体育强国涵盖的维度解析

综合分析体育强国战略目标的提出与体育强国论题的研究历史会发现,其大体经历了由因果性向偶然性、由绝对性向相对性、由确定性向不确定性、由线性向非线性、由单维分析向多维系统研究方向转化的过程。分析整个过程会发现,体育强国由最初只涵盖竞技体育或以奥运会成绩为评价标准的单一化评判,发展为集竞技体育、群众体育、体育文化、体育产业、体育科教等领域的多维集合体。对体育强国做出评价不仅要衡量竞技体育和群众体育发展水平,还要看体育文化影响力,体育产业和体育科技等领域的发展程度。为此今天的体育强国已经是国家体育综合实力的代名词,国家体育综合实力是我国综合国力的重要组成部分,更是实现中华民族伟大复兴和实现中国梦的重要组成部分。

实力是指实在的力量。国际关系理论中新自由主义学派代表人物——美国哈佛大学教授约瑟夫·奈最早提出了软实力的概念,约瑟夫·奈所说的软实力主要是指文化和政治吸引力,以及塑造国际规则和政治议题的能力。他认为软实力靠的是自身吸引力,而非依靠强迫或收买来达到所愿的能力。目前国际关系学领域对一个国家综合国力的衡量主要从软实力和硬实力两个方面进行考量。硬实力主要是指人口、经济、自然要素、军队等可动用的资源,软实力是指传统文化、政治体制、国际信誉等非物质要素。硬实力和软实力共同作用后形成了综合国力表达公式,即综合国力＝(军事实力＋经济实力＋文化实力)×政治实力。在套用国际关系中综合国力的表达公式以及参照国内学者黄莉关于体育综合实力研究成果的基础上,能够绘制出体育强国综合实力要素关系图,如图 1-1 所示。

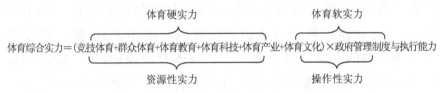

图 1-1　体育强国综合实力要素关系图

　　套用国际关系学中关于综合国力的表达公式,可以准确而清晰地说明国家体育综合实力各个组成要素之间的关系。国家体育综合实力是实现体育强国的整体评价范畴,更是体育强国衡量的标准,体育强国涵盖竞技体育、群众体育、体育科技、体育产业、体育文化、体育教育六个维度。国家体育综合实力由体育硬实力和体育软实力组成,体育硬实力包括竞技体育实力、群众体育实力、体育教育实力、体育科技实力以及体育产业实力。体育软实力包括体育文化实力和政府管理制度与执行能力。体育强国实力的强弱不但取决于竞技体育、群众体育、体育科技、体育产业、体育文化、体育教育之和的力量,还取决于政府管理制度和决策能力,如果政府管理制度和决策执行能力较强,乘积之后的总数值就会大,反之则总数值就会小。由此不难得出,软实力和硬实力相互作用后可以构成体育强国视域下的国家体育综合实力,体育硬实力是物化之后的力量,也是看得见摸得着的力量,体育软实力则是无形的力量,但两者在体育综合实力中都是不可或缺的。从某种程度来说,体育软实力是体育硬实力得以形成的基础和保障,体育软实力可以从某种程度上统领体育硬实力并推动其发挥出一定的价值观念与意识形态影响力。倘若没有体育硬实力,则体育软实力将无从谈起;倘若没有体育软实力,则体育硬实力也会停滞不前。

三、体育强国战略的提出与历史演进

　　就我国来说,体育强国战略的提出主要经历了两个阶段:第一阶段是 20 世纪 80 年代;第二阶段是北京奥运会后提出"努力推动我国由体育大国向体育强国迈进"的战略目标。站在当前的视角来分析,这两个阶段提出体育强国战略的背景存在一些不同点,关于体育强国概念的认识和理解也有很多差异,第一阶段体育强国战略的提出是单方面基于竞技体育来说的,第二阶段体育强国战略的提出是基于体育综合实力展开的多个维度的思考。

(一)第一阶段:基于对竞技体育的单维认识

在体育强国充当战略口号被官方正式表述前,我国已经出现过体育强国一词。在刚刚出现时,体育强国一词是指奥运会比赛名列前茅的国家。1983年是我国正式表述体育强国一词的时间,当年国务院批转国家体育运动委员会《关于进一步开创体育新局面的请示》中,首次明确提出"要在本世纪末(20世纪—作者注)把我国建设成为世界体育强国"。此外,《关于进一步开创体育新局面的请示》中还提出了要在奥运会上名列前茅,实现全国范围内1/2的人口经常参加体育锻炼,建成可以举办奥运会、亚运会等比赛的大型体育场馆,改善体育队伍结构等指标。1984年10月5日下发的《中共中央关于进一步发展体育运动的通知》中体育强国战略目标的表述进一步得到确认。体育强国战略目标的提出在当时也引发了学者的广泛讨论,争论的观点主要有两种:一种认为体育强国的衡量依据就是指竞技体育成绩,是以在国际比赛中创造优异成绩为标志的;另一种则认为体育强国既是体育发达的国家又是竞技体育发达的国家。现在看来第二种观点更接近当前的观点,即倾向于体育综合实力的客观评判,但那个时期衡量体育强国的重要标准则是奥运会上成绩名列前茅。正如当时的体育院校通用教材《体育理论》一书中对体育强国概念的表述一样,体育强国是指在世界重大综合性比赛中成绩名列前茅的国家。这一表述主要是以竞技水平为鲜明标志。

通过分析上述资料能够得出,早期提出的体育强国概念倾向于竞技体育,尽管经过了学术界的讨论,但占据主流地位的观点依旧停留在奥运会成绩名列前茅的国家的单维层面。站在今天的视角来看,这个认识在那个历史阶段的社会背景下反映出了特殊意义,即体育的社会价值与政治功能得到有效发挥,竞技体育为先导在当时环境下对于增强民族凝聚力、向心力和自信心方面起到了重要作用。但今天看来,《关于进一步开创体育新局面的请示》中提到"在 20 世纪末把我国建设成为世界体育强国"的目标并没有实现,主要原因包括四个方面:第一,对体育强国概念的认识太过简单;第二,对体育强国的认识停留在比较浅的层面,体育强国成为一个国家体育综合实力的代名词,我国体育综合水平尤其是群众体育、体育产业等领域水平较低,实现体育强国目标任重而道远;第三,我国的经济实力与综合国力对目标的达成产生了一定的制约作用;第四,体育管理体制改革滞后,改革步伐缓慢,阻碍了体育事业市场化和社会化的发展。

(二)第二阶段:基于体育综合实力的多维思考

北京奥运会铸就了我国竞技体育有史以来的辉煌成就,北京奥运会的成功不仅是体育界的成功,更是国家坚持改革开放、坚定走具有中国特色社会主义道路的成功。自改革开放以来,中国在经济、政治、文化等综合国力方面取得了巨大的成就,中国体育也经历了从 1984 年洛杉矶奥运会金牌零的突破到 2016 年里约奥运会 70 枚奖牌的崛起历程。自改革开放以来,我国在竞技体育上取得的成绩以及在群众体育参与和发展上的成就奠定了我国成为体育大国的基础,正是基于体育大国的基本论断提出了"努力推动我国由体育大国向体育强国迈进"的战略目标。自此之后在全国范围内掀起了一股有关"体育强国"战略目标研究和建设体育强国的热潮。

从整体来说,第二阶段的"体育强国"战略内涵呈现了多维认识趋势,虽然学术界对体育强国战略目标的细节仍存争论,但是"体育强国是一个国家体育综合实力的体现"已经成为一致共识。关于体育强国内涵的认识主要有三类观点:第一,体育强国是一个国家体育综合实力的体现,是一个相对的、比较的概念;第二,体育强国的评价指标不仅仅包含竞技体育和奥运会等重大赛事中的竞赛成绩,还涵盖群众体育、体育文化、体育科技等维度的指标;第三,体育强国是国家综合实力建设的一部分。需要说明的是,尽管两个阶段提出体育强国战略的背景有所不同,但两个阶段都呈现出了爱国情结与中国元素。具体来说,第一阶段提出的"体育强国"战略停留在"赶超式"发展的单维认识;第二阶段提出的"体育强国"战略侧重于呈现理性思考的痕迹,从本质上来说是立足于多个视角形成的认识。

第二节 体育强国的发展背景

针对体育强国的发展背景,本书着重对中国体育发展现状、国外体育发展现状、中外体育发展水平的"同"与"异"加以阐析,力求在着眼于世界的基础上解析体育强国的发展背景。

一、中国体育发展的现状

(一)新中国成立以来我国体育发展的历程回顾

一直以来,我国体育都和国家战略以及政治需求存在着不可分割的关系,这是由体育领域独特的价值与功能决定的。体育因为超越了身体教育与竞技运动的范畴,而被称为全世界通用的"语言",拥有可以改变世界的"力量",因此体育也在一定程度上反映了一个国家文化、政治、经济等方面的综合实力。自新中国成立以来,我国体育事业发生了很大变化,同时慢慢形成了以竞技体育为龙头、以"举国体制"为发展制度的战略部署,由此获得的成绩得到了世界各国的称赞。

从总体上看,我国体育发展受到了政治经济改革的影响,呈现了从最初的追求"金牌至上""为国争光"战略,以拓展体育的政治功能为主体,发展到今天追求科学可持续发展,关注人们健康水平,究其本质是实现了"由物及人"的转变,即由关注金牌成绩向关注人类自身发展方向的转变。"由物及人"的转变也是体育本质属性的呈现。同时我们也必须清醒地看到中国社会正处于转型期,政治和经济体制的改革仍在继续,"体育发展方式"的转变才刚刚开始,还存在着诸多问题。从发展社会学视角来看,我国体育走的是以国家和政府为动力的外生式发展之路,这种集中力量办体育的"举国体制"举措,造成了体育发展结构不均衡,体育发展成本巨大而且可持续性差。这种体制结构已经不适应体育强国发展的要求,转变体育发展方式成为实现体育强国战略的必要途径。

（二）竞技体育在现阶段的发展水平

1. 竞技体育管理运行机制

以政府管理机制为主是我国竞技体育管理的主要模式,国家体育总局下设 20 个项目管理中心,这 20 个项目管理中心管理着 41 个单项协会和 56 个体育运动项目。国家体育总局下属的竞技体育司是我国竞技体育的直接管理机构。各个项目管理中心作为国家体育总局的直属机构遵照国家体育总局的授权负责提高该项目的运动水平,管理好国家高水平运动队以及竞赛管理、组织、监督等工作。除此之外,我国体育社会组织机构也不同程度地承担着竞技体育的管理工作和组织工作,不但是中华全国体育总会的团体成员,而且归属于项目管理中心的指导,是赛事组织工作和赛事管理工作的承担者之一。

我国体育管理的运行机制经历了由计划经济体制下的体育管理运行机制向市场经济管理体制下的运行体制再向社会化、职业化趋势转变的过程。在计划经济体制下,我们制定了"集中力量发展优势项目,重点把短期能够赶上世界先进水平的项目抓上去,争取优异成绩"的战略要求。加大了竞技体育的投入和管理力度,按照奥运会项目调整项目布局,形成了"国内练兵,一致对外"的赛制原则,按照"思想一盘棋,组织一条龙,训练一贯制"的原则,形成了层层衔接的人才培养体系,这一管理体制在一定程度上取得了较好的效果,促使我国竞技体育在 20 世纪 80 年代取得了傲人的战绩。随着改革开放的深入,我国实行了以市场竞技体育为背景的体育管理运行机制,尤其是党的十四大以后原国家体育运动委员会下发了《国家体委关于深化体育改革的意见》,进一步强化了竞技体育的宏观控制,制订了"奥运争光计划";进一步推进了项目管理机制,使协会逐步实体化;逐步推进了竞技体育赛制向多元化、市场化转变;并以足球为试点推进了我国竞技体育的职业化发展。经过了一系列的深化改革,我国竞技体育市场化配置基本形成,同时《中华人民共和国体育法》(简称《体育法》)等有关体育法规条例的颁布使我国的体育管理由计划经济时期的行政命令管理方式向"依法治体"方向转化。成功举办 2008 年北京奥运会后,在竞技体育方面取得的优异成绩在一定程度上促使我国进一步提出向体育强国迈进的战略部署。但必须认识到我国当前还不是体育强国的事实,体育强国是一个多维度的概念,群众体育发展落后是造成我国实施体育强国战略遭遇瓶颈的重要原因。基于这一现实状况,我国开始重新审视体育发展的道路,并在此基础上提出了"转变体育发展方式,促进体育事业科学可持续发展"的战略设想。目前,竞技体育发展的市场化和社会化已经成为国家体育发展的必然趋势,我国竞技体育管理正逐步与国际接轨,向着社会化和市场化的方向迈进。

2. 竞技体育成绩及优势项目分布

竞技体育在我国体育事业的发展过程中一直占有重要的位置,中华人民共和国成立以来在竞技体育上的辉煌成就奠定了我国体育发展的基础,同时也为实现由体育大国迈向体育强国提供了重要保证。从某种程度来说,我国体育发展过程得益于"举国体制"的运行机制,准确来说应该是竞技体育领域的"举国体制"或者说举全体育系统之力"集中优势资源实现重点突破",促使竞技体育在较短的时期内实现"跨越式"的发展,使中国竞技体育在短短几十年的时间内跨入奥运强国序列。

综合分析我国竞技体育的综合实力会发现,尽管我国体育代表团在奥运会等赛事中获得奖牌总数已经位于奖牌榜前列,但我国竞技体育项目发展失衡的问题比较严重,我国优势项目主要集中在乒乓球、跳水、羽毛球、体操、举重、射击等项目上,在奥运会中的高含金量项目上仍然与世界强国差距很大,部分项目仍然不具备冲击奖牌的实力,甚至不具备进入预赛的实力。

有关统计结果表明,我国奥运优势项目的分布相对集中,基础项目中的田径和三大球项目不具备夺金实力。北京奥运会后,当全国欢庆竞技体育取得的成绩之时,程志理、茅鹏等学者就提出了"高金低迷、何臻辉煌"的论断。这一论断是基于我国在基础项目上水平较低、竞技体育项目发展不均衡的现状提出的。尽管田径、三大球等基础项目水平还与美国等强国存在不小的差距,但是从近两届奥运会的成绩来看,我国的竞技体育的确进入有史以来的巅峰时刻,这在一定程度上也奠定了我国在竞技体育上的"体育强国"基础,正是在竞技体育上取得的成绩夯实了我们向体育强国迈进的实践基础。就当前来说,我国竞技体育领域存在的主要问题是体育项目发展失衡、竞技体育后备人才储备不足、部分体育项目的基础薄弱、体育赛事的市场化程度和社会化程度有待提高。

(三)群众体育发展现状

群众体育也被称为大众体育,群众体育的参与对象包括全体社会成员,群众体育的目的主要在于增强体质、调节社会情感、丰富余暇生活。群众体育的发展不仅反映一个国家或地区的体育参与状况,更间接地折射出这个国家或地区人们的生活水平和体质健康状况。群众体育的开展是竞技体育的基础,新中国成立以来我们国家一直在理论上将群众体育和竞技体育定位为协调发展、普及和提高的关系,但是由于在实际工作中种种因素的影响,国家在竞技体育上的投入和重视程度一直远远优于群众体育,导致了群众体育发展滞后。至今仍然存在着群众体育发展总体水平不高、国民体质下降、城乡和区域发展不均衡、青少年体质下降等诸多问题。

目前,广大人民群众日益增长的体育需求与体育资源相对不足之间的矛盾仍然是困扰我国体育事业发展的主要矛盾。尤其是在群众体育发展领域还存在着诸多问题,比如体育公共服务领域的供给不足,在体育场馆建设、体育组织体系的建立、体育健身的科学化等方面与体育强国差距甚远,广大人民群众的实际需求不能满足。

(四)体育产业与科技发展现状

自北京奥运会成功举办以后,我国体育事业获得了空前发展,特别是体育产业呈现出了迅猛的发展态势。在这种大背景下,体育产业的投资主体呈现多元化趋势,体育产业市场日趋成熟,多个国家级体育产业基地先后建立,体育彩票销售额逐年提高。就现阶段来说,我国体育产业的结构体系主要由四个方面组成,如图1-2所示。

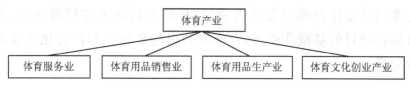

图1-2 我国体育产业的结构体系

在体育科技方面,经过北京奥运会的实践我国体育科技在体育事业中的作用进一步凸显,尤其在竞技体育的训练、恢复、指导、信息等方面发挥了重要的作用。但是我国目前体育科技成果的转化程度还不够,自主创新意识和能力还有待进一步提升,资料显示,发达国家的体育科技成果转化生产力的比例在60%～80%,而我国的体育科技成果贡献力相对有限,只有20%～30%。在现阶段,我国体育科技领域着重研究的课题主要围绕五个方面开展:①全民健身科学研究;②运动项目的规律研究;③优秀运动员的特征与竞技能力研究;④青少年运动员的选材、训练与培养体制研究;⑤运动损伤与恢复等研究。

从整体来说,我国体育产业和体育科技工作仍然处于发展的初级阶段:体育产业领域仍然面临着政策制度不完善,产业结构不合理;体育文化创意产业处于起步阶段;体育产业的市场规模与影响力不大,管理有待进一步科学化;相关法律法规建设有待进一步完善;体育科技方面的国际影响力有待进一步提高,体育科技成果的自主创新能力不强,体育科技成果的生产力转化程度不够;体育产业中的核心产业疲软,品牌建设不理想;体育科技解决运动实践中关键问题的能力有待进一步增强等。

二、国外体育发展现状

下面着重对具有代表性的美国体育和俄罗斯体育的发展现状进行解析。

（一）美国体育发展现状

在世界范围内,美国是当前的经济强国、军事强国、体育强国,美国自 1986 年起竞技体育成绩就一直位居奥运会总奖牌的前三名。美国的竞技体育总体实力较强,无论是在奥运项目还是非奥运项目上都得到了较好的发展。美国实行的竞技体育人才培养体制是建立在学校体育基础之上的,在以学校为中心的体制下形成了小学、中学、大学不同学段体育与教育完全融合的人才培养模式。大学是美国优秀运动员培养的主要阶段,美国的大学体育由全美大学生体育协会负责管理。全美大学生体育协会是美国全国性的业余体育组织,由来自美国各个高校的约 1200 个体育协会所组成。全美大学生体育协会按照一定的原则将大学生的比赛分为三个等级进行,美国的大学生运动队在一定程度上承担着美国竞技体育人才的培养工作,大学体育的蓬勃发展为美国竞技体育储备了大批优秀人才,奠定了美国竞技体育的基础。除此之外,美国不只是在竞技体育领域取得了辉煌成绩,职业体育同样得到了大范围推广,体育产业呈现出了良好的发展态势,群众体育深入人心,体育产业已经发展成为美国的一个支柱产业。

在大众体育发展方面,美国民众对体育有较为深刻的认识,体育锻炼活动已经成为人们的健康生活方式的一部分,群众体育在美国得到了广泛的普及。美国实行"积极锻炼的统计标准",即每周有五天参加体育锻炼,每次锻炼的时间在 30 分钟以上,锻炼负荷强度达到中等以上,数据显示美国积极参加体育锻炼的人口比例正在逐年攀升。此外,美国的体育场馆设施建设也较为全面和完善,人均体育场馆的面积接近 14 平方米。美国的体育场馆绝大多数时间都向公众免费开放,资料显示美国注册的体育俱乐部已经多达数万个,除此之外,还有一些志愿为民众服务的体育组织,这些组织通过种类繁多的体育比赛广泛吸引着广大民众的参与。此外政府还根据国民体质的需要制定了一系列国民健康促进政策,使体育在改变生活方式、丰富文化生活、预防疾病等方面发挥积极的作用。曲棍球、橄榄球、篮球以及大批的非正式(非奥运会)比赛项目成了美国民众的最热门的体育休闲项目。除此之外,学校体育的大范围开展有效夯实了群众体育的基础,美国中小学生参与体育活动的次数和机会较多,绝大多数中小学生每周参加体育活动达到 12 小时左右。

体育产业是美国经济发展的重要支柱,美国政府把一切与体育相关的领域都列入体育产业的范畴,包括健身产业、体育用品产业、体育赛事组织与推广、职业体育产业等领域。诸多资料都证实,美国是世界范围内职业体育最发达的国家,美国职业体育产生的影响是世界性的。美国拥有篮球、橄榄球、棒球、拳击、自行车、冰球、高尔夫、网球等多个职业体育项目,知名度最大的是美国职业篮球联盟,其它产生的影响波及全世界,但美国国民对橄榄球运动和棒球运动的关注度要比篮球高。

(二)俄罗斯体育发展现状

提到俄罗斯体育,就不得不提到苏联的体育发展。众所周知,苏联曾是体育强国,特别是在竞技体育上可谓是超级体育强国。苏联及独联体代表团曾在 1952—1996 年参加了 12 届夏季奥运会,其中有 9 届获得了金牌总数第一名的成绩。另外,苏联及独联体代表团也曾经在 1956—1996 年举办了 11 届冬季奥运会,其中有 8 届夺得了金牌总数第一名的成绩。苏联解体后俄罗斯继承了苏联体育的主要部分,俄罗斯代表团在 1996—2004 年的 3 届奥运会中始终位居金牌榜的前三名位置(两次获得第二名、一次获得第三名)。但是俄罗斯的体育与苏联相比还呈现出了些许落后迹象,俄罗斯作为独立国家第一次参加的第 26 届奥运会中共取得奖牌 63 枚,相比美国的 101 枚奖牌来说无疑是一个失败。特别是在 2002 年盐湖城冬奥会越野滑雪项目上爆发的兴奋剂丑闻更是影响了俄罗斯体育的国际声誉。俄罗斯体育代表团在第 26 届、第 27 届奥运会上分别以总奖牌数 63 枚和 88 枚的成绩位居奖牌榜第二位,在第 28 届、第 29 届奥运会上分别以总奖牌数 92 枚和 73 枚的成绩滑落到奖牌榜第三位,到了 2012 年的第 30 届奥运会俄罗斯代表团以总奖牌 82 枚的成绩位居奖牌榜第四位。分析俄罗斯在近几届奥运会的成绩不难发现,其竞技体育成绩有下滑趋势。就现阶段来说,俄罗斯竞技体育的优势项目分别是冰雪项目、体操、游泳、田径、举重、花样游泳、球类和摔跤等。

　　和竞技体育相比,俄罗斯的群众体育要落后一些,具体表现为俄罗斯全民体质下降、体育人口占总人口的比例不大、群众体育的资金投入不足,这些问题都不同程度地限制了俄罗斯群众体育的发展。俄罗斯政府深刻地意识到大众体育成绩与俄罗斯的国际地位不相符,针对上述问题俄罗斯采取了:振兴大众体育、发展建设体育设施、运用先进技术和现代化标准培养运动员、优先发展体育设施和教练事业、向民众普及宣传健康意识、优先发展群众体育和竞技体育以及场馆设施建设一系列的应对措施。

　　在体育产业和体育科技方面,俄罗斯建立了多元化的投资和融资体制以支持和促进体育产业的发展,先后采取了对体育彩票等行业进行宏观调控,通过减免税收等政策吸引企业家参与体育行业的经营和发展工作等措施。在体育科研方面俄罗斯体育管理部门采取了一系列措施来加强体育科研的管理和发展工作,重点明确了体育科研部门要为国家队参加世界大赛服务的目标,由此运动医学、遗传学、生物学、运动训练、体育教育等学科得到了普遍的重视。俄罗斯先后通过恢复地方体育科研院所、加强高校体育科研管理、恢复国家重大课题的招标工作积极进行体育科研工作。俄罗斯的体育科研重点集中在训练和教育两个重点领域,其中围绕着俄罗斯的优势项目如滑雪、田径、体操、游泳、排球、拳击和击剑等项目的科研比重较大。

从整体来说,俄罗斯尤为重视体育事业的发展情况,当前俄罗斯体育事业正处在全面复苏与发展的阶段。为了推动体育事业的发展,俄罗斯制定了具体的体育发展目标规划,即《俄罗斯联邦2020年前体育发展功略》,这项规划中大众体育发展目标是:到2020年要使从事体育锻炼的人口数量达到总人口数量的40%,使在校学生的体育锻炼比例达到80%,残疾人参加体育锻炼的比例在20%,国民体育设施的保障水平达到48%。

三、中外体育发展水平的"同"与"异"

(一)中外体育发展的共同点分析

1. 竞技体育是实现体育强国的关键性指标,是国家体育形象的具体反映

中国、美国、俄罗斯等国家都十分重视本国竞技体育的发展情况,原因在于竞技体育可以在一定程度上彰显国家的综合国力,代表竞技体育最高水平的奥运会是世界各国展示国家形象的重要平台。除此之外,竞技体育的发展不仅是一个国家生活水平和经济发展水平的整体表征,也是大国崛起的象征。美国在竞技体育上的优势给美国国家形象以及美国文化的传播提供了重要平台,竞技体育裹挟着美国人的价值观和文化传遍全球,特别是由竞技体育衍生出来的美国职业体育,更是美国经济发展的重要支柱。美国在经济、军事、教育、科技等领域的强国地位,促使美国在体育领域也必须成为强国。苏联解体给俄罗斯体育带来了巨大的冲击,同时俄罗斯的经济、军事、教育等领域也都受到不同程度的影响,俄罗斯的国民体质令人担忧,实现竞技体育的复兴是俄罗斯向世界展示国家的崛起、塑造国家形象的信号。对于我国而言,由于特殊的历史原因使中华民族的近代始终处于一种悲情状态,竞技体育的复兴成为展示中国崛起和洗刷悲情历史中"东亚病夫"称号的有力手段,为此我国从新中国成立伊始就先后制订了以"举国体制"为统领的体育"赶超计划",此后又相继出台了"奥运争光战略",以及在悉尼奥运会后围绕游泳、田径和水上项目出台的"119工程"。恰恰是竞技体育领域获得的优势有效夯实了我国朝着体育强国迈进的基础。通过对中国、美国、俄罗斯在竞技体育方面的重视程度的比较会发现,三个国家具有显著的一致性特点。

2. 群众体育是体育事业可持续发展的基石,对国民体质水平有很大影响

从理论层面来说,群众体育是竞技体育得以发展的基础,这恰恰是提到群众体育与竞技体育关系时所讲的"普及基础上的提高"。美国的确实现了群众体育的广泛普及,美国人眼中身体健康是一切的基础,美国人对健康的认识以及对体育锻炼价值的普遍认同促使美国参与体育锻炼的人群比例较大,另外美国在经济发展上的优势决定了美国在群众体育组织和设施上的优势,美国的人均体育场馆面积已经接近14平方米,这是其他国家目前所不能比拟的。俄罗斯由于正处于经济复苏阶段,在竞技体育与群众体育的投入上出现了重竞技体育轻群众体育的实践策略,使有限的经费投入到了竞技体育领域,对于群众体育方面的场馆建设和民众体育锻炼意识的普及投入较少。俄罗斯联邦政府已经清楚地意识到了这一点,在其《体育事业2020年发展》规划之中已经逐步增加了群众体育方面的投入以改变当前的困境。近些年来,我国对群众体育的投入力度呈现出了逐年增加的趋势,如何保证经济发展成果惠及国民、如何提高国民体质、如何解决青少年体质问题已经成为我国体育事业发展的重点。由此不难得出，群众体育的发展对国民体质健康有很大影响，所以中国、美国、俄罗斯对群众体育的关注呈现出很大的趋同性，仅仅是发展状况略有不同。

3. 体育产业是国家经济发展的新兴力量，得到广泛重视

各项数据表明，美国体育产业发展呈现出了以职业体育和相关产业为主的产业集群。但需要说明的是，体育产业不只是在美国拥有很大的影响力，在世界范围内都产生了较大效益，运动服装和职业赛事都流露着美国的符号。作为竞技体育的有力补充和国家体育结构的重要组成部分，体育产业所创造的价值和效益也广泛受到各个国家的关注。俄罗斯和我国也都对体育产业的发展高度重视，我国体育产业虽然在整体上还处于起步阶段，但是经过近几年的发展，体育产业市场已经成为大众消费和投资的热点领域，各类体育企业及相关产业如雨后春笋般不断涌现。近些年来，我国体育产业的增加值持续上升，体育产业不但是崭新的经济增长点，还是我国经济发展的重要组成部分。

4. 体育科技发展是体育发展的重要保障

近些年来，体育科技成果的转化受到越来越多国家的高度重视，科技在现代体育发展和国民日常生活中产生的影响越来越大。邓小平同志提出的"科学技术是第一生产力"生动地概括了科技在现代社会发展中的作用，联合国于 1994 年颁布的《世界科学报告》中明确地指出"科学是财富之源，未来的工业发展 70%～80%要靠科技的进步"。科学技术在体育领域的广泛应用也给体育的发展带来了前所未有的活力，现代科技在训练、教学、体育科研和体育产业上的广泛应用都给体育带来了巨大的改变。例如，北京奥运会在网球比赛中引入的"鹰眼"即时回放系统，以及现代生物科学、医学在运动训练和恢复中的运用都大大改变了比赛和

训练的效率,极大限度地提高了运动成绩,再如"鲨鱼皮"泳衣的运用,使碳纤维、非晶质金属纤维、单结晶质碳化硅纤维、新型陶瓷复合材料"等高科技材料在体育器材上的运用极大地提高了运动员的竞技成绩。生物学家经过测试认为"在田径比赛中运动员所穿的跑鞋重量每减少 100 克,运动员的体能消耗就会减少 1%。为此围绕高科技运动装备在体育竞赛中运用的科研工作开始展开,运动器材不断得到创新,为竞技成绩的提升创造了必要条件。中、美、俄三国体育科技成果的运用,特别是美国在医学、生物学等诸多学科的世界领先优势,进一步更新了现代体育的训练和管理理念,使竞技体育的训练方法得到了有效革新;俄罗斯则在继承苏联时期所形成的训练理论和方法的基础之上进一步提高了自己在优势项目上的训练水平。近些年来,我国同样在体育科研领域投入了大量的人力、物力、财力,在高水平运动员训练、恢复、竞技能力保持以及国民体质健康监测等领域进行了深入研究,很多科技成果顺利转换,并且应用于竞技体育训练、国民体质健康预警、体育体制改革等领域。

(二)中外体育发展的差异分析

1. 在政治背景和经济背景的影响下,各国体育管理体制与发展方式存在很大差异

体育发展和本国的政治体制以及经济发展情况存在很大联系,当前可以把世界范围内的体育管理体制划分成三种类型,即社会组织主导型、政府主导型和社会组织与政府合作型。我国是以政府主导型为主的体育体制,由政府对整个国家的体育事业进行管理。而美国则是典型的社会体育组织主导型体育体制,这种体制是由社会体育组织对整个国家的体育事业进行管理。美国的社会组织管理体系又分为职业和业余两种体育组织,美国政府中设有专门负责体育管理的机构,美国政府并不制定体育政策而且很少直接资助体育,管理体育的职能是由社会体育组织来完

成,政府管理机构"总统健康与运动委员会",实质是一个负责大众体育咨询的机构。美国竞技体育组成是建立在体教充分融合基础之上的,美国的奥委会负责管理各个单项体育协会,美国的业余体育组织部分以大学竞技体育组织——美国大学生体育联合会(NCAA)为主体,这一主体由 1 200 多所大学的体育组织组成,而中学体育组织是大学体育组织的后备力量和输送主体。中学体育组织由"国家高中协会联盟(NFHS)"主管,NFHS 由18 500 所中学体育组织组成。我国体育管理体制主要体现的是政府主导型管理体制,经历了由社会化向市场化变迁的过程,这对体育协会和职业体育俱乐部的市场化和社会化进程都有了不同程度上的推进,但是我国体育比真正市场化和社会化还有不小的距离。在政府主导的体制下形成了以"举国体制"为支撑的竞技体育,竞技体育的优先发展使其独立于群众体育之外,造成了竞技体育与群众体育发展不平衡、群众体育滞后的现状,形成了在竞技体育金牌增多而国民体质健康水平反降的局面。因此,大力发展群众体育和提高国民体质水平成为我国成功举办北京奥运会后国家体育管理部门的一项重要工作。

总的来说,美国体育发展是建立在群众体育基础上的,从某种程度来说是"体教充分融合"的产物,竞技体育良好发展离不开业余体育和职业体育的支撑作用。相比之下,我国体育发展则得益于"举国体制"视域下的"赶超策略",举国体制在创造竞技体育成绩中的作用是值得肯定的,但是在举国体制下所衍生的运动员政治化和工具化也导致了竞技体育领域的问题重重。最主要的是形成了群众体育严重滞后的局面,群众体育发展滞后成为了我国迈向体育强国的短板。美国社会管理型体育体制充分调动和发挥了社会各个方面的积极性,也促使了群众体育和体育产业的飞速发展。尽管美国贯彻和落实的社会管理型体育体制有缺乏全局协调统一的缺点,但在高度社会化和市场化带动下的全民体育参与热情值得我国学习和引用。

2. 中国、美国、俄罗斯群众体育发展重心和发展举措存在差异

就当前的发展情况来说,美国称得上是世界范围内的体育强国,美国的整体实力始终没有掉出世界前三甲,美国的竞技体育、群众体育以及体育产业、体育科技与教育等领域均位居世界前列。美国之所以是世界体育强国,与美国的经济发展和社会发展有着必然的关系,经济的发展带动了生产力水平的提高,这在一定程度上促使人们用于休闲娱乐的时间增多,而文化的发展所带来的对体育锻炼意识和价值的高度认同又是群众体育发展的内在力量。美国的体育产业是全世界最为发达的,美国的职业体育赛事所拥有的巨大影响力为美国经济发展带来新的支撑。

俄罗斯体育发展则受群众体育发展滞后、体育场馆建设不足、国民体质下降等因素的制约。在竞技体育方面俄罗斯迫切需要重振雄风,从《俄罗斯 2020 年体育发展规划》来看,群众体育和竞技体育将是政府重点资助的两个领域,另外俄罗斯也开始加大在体育产业和科研领域的投入,通过联邦政府拨款和社会力量筹集经费力争使国民参与体育锻炼的比例达到人口总数的 40%。

我国的体育发展策略和俄罗斯有很多相同点。由于我国幅员辽阔、经济发展存在失衡问题,因而我国各地区体育发展水平同样存在不尽相同的问题。尤其是群众体育发展滞后、国民体质下降等问题与我国在竞技体育上取得的成绩极为不符,况且在竞技体育领域我国只在少数项目上成就辉煌,田径和三大球等项目的发展水平更是与国家发展和体育强国的战略不匹配。针对这些情况,我国体育事业发展的相关规划中反复重申实现田径和三大球良性发展的重要性和必要性,提出要坚定不移地完善举国体制,加大对群众体育和体育产业等多个领域的投入力度。

总体上来看,美国的体育发展无论是在群众体育、竞技体育还是体育产业与体育科技上均处于世界领先地位,其整体水平较高。美国体育所实行的社会管理体制决定了其市场化与社会化

的地位,其发展策略是在保持竞技体育和群众体育的优势下进一步促进体育产业与文化发展,进而拉动经济发展。从宏观层面来看,俄罗斯体育事业发展过程中需要解决的问题和我国有很多相似之处,保持和进一步加大竞技体育的优势,从而尽全力实现崭新的突破,加快群众体育的发展速度,促使国民体质水平得到大幅度提高,是未来一段时间内中国和俄罗斯体育发展需要完成的重要任务。

第三节 体育强国建设中的相关问题探讨

为了有效推动我国体育强国的建设进程,本节着重对体育强国的国际影响力和体育强国的法制建设进行详细解析。

一、体育强国的国际影响力

(一)我国需要积极寻求国际影响力

自新中国成立以来,经过数十年的发展我国已经发展成体育大国。值得肯定的是,自改革开放以来,我国主动参与国际体育,刻意与国际接轨,是在既有的国际体育秩序中建立起来的;与此同时,在既有的国际体育秩序中,由于中外政治和文化的差异,我国难以在西方主导的国际主流社会中产生示范性的国际影响力,这在北京奥运会中就有所体现。北京奥运会的举办十分成功,获得时任国际奥委会主席罗格"无与伦比"的赞誉,但举办这届奥运会的"北京模式"并未得到国际社会应有的重视及借鉴。我国构建的体育强国只能是开创风气之先的创新型强国,其国际影响力,只能是具有强烈改革意义的国际影响力,不是且不可能是既有国际体育格局中榜样性的类型,主要原因有以下几个方面。

(1)就我国自身而言,其独特的社会背景,使得我国的做法是其他许多国家,特别是西方发达国家难以仿效的;我国体育的成功,在国际社会中常常被曲解,或被解释为不可重复的特例。

（2）就当前国际体育的组织结构而言，既有的国际体育格局没有留下多少空间让中国在决策中有更大的影响力。

（3）就文化传统而言，既有国际体育模式是西方主导的单一体育文化模式，已经形成了一套固定的话语体系，这个话语体系与我国既有的文化传统多有冲突，中国丰富的文化积累难以为之所用。

（4）就国际体育的主体竞技运动而言，当前的框架是19世纪末20世纪初形成的，无法容纳迅速膨胀的全球体育需求和体育资源，中国的优势项目发展空间已经趋于饱和，如乒乓球、羽毛球等项目一家独大，因而失去影响力。我们要竞争的项目则由于人数名额限制的原因，无法发挥我们人力资源优势。除此之外，我国占据优势的很多非奥运会项目至今仍然徘徊在国际主流体育视野之外。

值得庆幸的是，我国由体育大国转化成体育强国的过程恰逢国际体育再次处于转折的关键阶段，国际体育正在尽全力突破瓶颈，积极寻找和全球化时代相符的发展前景。这种发展趋势为中国推动世界体育新秩序的改革提供了可遇而不可求的历史机遇。我们应当不失时机地把握这一历史机遇，成为对世界体育有历史贡献的体育强国。

（二）提高我国体育国际影响力的策略

以往的体育强国在构建自己影响力的时候，全球化尚未发展到今天这种程度，国家利益是其唯一的考虑，在无意识中做出了符合历史客观要求的举动，从而推动了世界体育的进步，惠及全人类。因此，其国际影响力的建立是不自觉的，有一定的偶然性，也正因为如此，它们成为体育强国的过程中也出现了诸多不合时宜的弊病，如霸权主义、民族优越感等，多为世人诟病。中国不应该重复它们的错误，应当更理性地在国际视野中构建自己的国际影响力。中国是第一个由发展中国家崛起的体育大国，近代100多年的屈辱经历，发展过程中遇到的各种遏制、阻碍和困难，使中国可以促使国际体育向不仅有利于自己,而且惠及整个人类社会的方向发展。大国的崛起必然伴随着巨大的国际阻力,对于中国尤其如此。在西方看来,中国的崛起是他者的崛起,深深触动了西方主导的国际社会根深蒂固的偏见,所以说策略的思考更加重要。针对这些现实状况,我国不仅要科学判断既有的国际体育秩序,及时、准确地发现和分析相关问题,还要在此基础上结合我国可利用的各类资源和渠道,选择并运用切实可行的方式方法,促使其朝着目标模式演变。从整体来说,适宜我国提高国际影响力的策略如下:

1. 在包容与和谐中加快国际体育格局的更新速度

当前的国际体育框架和秩序是在过去近一个半世纪中慢慢形成的,其中合理性的部分值得我们高度肯定,西方国家率先行动,促进了体育国际化,他们的历史功绩应当得到充分的肯定。他们是合作的伙伴,而不是革命的对象。我们倡导世界体育的多样性,并非要取代或对抗既有的国际体育秩序,砸烂现有的国际体育格局,而是对之进行必要的补充和改造,促进国际体育多元化的发展,从而增加它的包容性,扩大它的文化资源,使之真正成为包容五大洲的体育资源,服务于世界各国人民的全球社会文化活动。要做到这一点,国际体育改革的方向必须符合具有全球普适性的人文价值,促进世界发展的多样性所昭示的正是这种人文精神,是当今国际体育的整体利益之所在。它既具有广泛的号召力,也有强大的道德优势,是参与国际体育的各个群体无法拒绝的。尽管如此,由于当今世界是由民族国家为基本单位构成的,并不存在价值取向完全一致的统一的国际社会。在全球化深入发展的当下,要想推动由多项利益构成的国家或者国家集团积极协作、密切配合,就不可以狭隘地张扬我本国民族体育文化,而是要深刻灵活并重申文化的包容性,大力提倡兼容并包与和谐共生。

(1)充分挖掘和发挥国际体育既有框架和秩序的积极作用。

中国从体育大国走向体育强国,仍然需要在既有的国际体育框架内有所作为:在有重大影响的国际赛事如奥运会上持续展示自己的竞技实力;在国际体育既有的版图上有所拓展,让中国更多地出现在不同的领域,如城市国际马拉松赛事、国际体育论坛、国际体育用品展销会等。由于这里依然是国际主流媒体的焦点所在,在西方既有的价值体系和话语系统内,实力就意味着话语权。要重视商业化媒体的传播力。在消费社会里,通过商业形式扩大中国的影响力一定程度可以冲破国际社会中的政治壁垒和意识形态障碍。体育商业的核心是明星效益,优秀运动员作为一个国家和文化的形象大使,是国际社会最容易接受的传播方式,其发挥的作用常常超出官方的正规宣传,如姚明给中国带来的国际影响。随着中国竞技运动的发展,运动明星的资源会越来越多,需要有意识地培养,并充分发挥其作用。

(2)因势利导地推动国际体育改革的进程。积极推动国际体育多元化的发展,推动国际体育的观念革新、组织革新和活动革新。重新认识竞技运动的人文价值本质属性,促使竞技运动的人本回归。促使国际社会重新认识发展中国家在国际体育中的位置和作用,认识到非西方的民族传统体育也是世界体育的宝贵资源,是跨文化交流的重要渠道,需要呵护并充分加以利用,使发展中国家通过参与国际体育,更加深入地认识和开发自己的资源,发展自己的体育,从而掌握更多的话语权,推动国际体育组织民主化进程。

(3)为非奥运项目的发展注入动力,提高国际体育容纳度。分析可知,当前国际体育格局是将奥林匹克组织作为基本框架构建起来的。国际体育格局的优势是标准化、规模化、组织化,运作的实效性特点显著,但在项目吸纳方面已经基本饱和。就现阶段来说,大量游离于奥运体系之外的体育项目如何发展是迫切需要解决的问题。这些项目往往对特定的群体有特殊的吸引力和亲合力,在个性化参与日趋明显的未来社会,这些项目的价值在与日俱增,促进这些项目的国际发展,可大大丰富国际体育的内容,也会对奥运体系有所助益。

2. 在积极参与国际互动的过程中强内固本

国际影响力是双向的,既表现为一个国家对外的作用力,也表现为国际社会对该国的作用力,国际影响是在国内外作用力互动中产生的。因此,当中国体育对国际社会产生影响时,其自身也处于国际环境的影响中。这就促使中国在国际视野中,要以国际通行的标准或准则检查自己,在持续的对照和比较中反思自己,从而不断自我修正和自我完善。对国际社会的影响越深刻,其自身承受的反作用力也会越大。如此看来,中国的体育强国之路也是借国际社会的力量加速自我更新之路,如北京奥运会大大增强了中国对国际社会的影响,同时也深刻地影响着中国自身体育的发展,形成内外互补的良性循环。在国内外互动的背景中,重新认识中华民族体育文化的发掘、整理、扬弃和继承,加强对世界各种体育文化精华的学习和吸纳,以及加快中国体育的改革和创新。

在全球化、知识经济以及网络化当下的社会,准确分辨国家体育的对外影响和对内影响有很大的难度。良好的国际影响可以有效增强国内的民族认同和文化自信;国内各项体育事业的可持续发展和我国体育的外在形象也存在着紧密联系。

3. 加大对各传播渠道的拓展力度和优化力度

国际影响力在相当程度上表现为传播力,影响借传播而发生效用。要想使我国的国际影响获得预期的效果,必须精心改进我国现有的传播方式和机制。国外有学者认为,中国面临的最大问题不是文化的独特性,而是其影响力的普遍性。如何让世界了解并理解中国,一直是我们需要解决却又未能很好解决的一道难题。不仅如此,中国正处于社会转型期,这意味着中国社会与体育在持续变化,这就进一步增加了外界了解中国的难度。改革开放 40 年来,中国已经初步形成了自己的体育发展模式。这种模式在结构、功能、运作机制等方面既与其他国家的体育发展模式有相同点,也有不同于其他任何国家的特色。中国模式对别国体育的发展有无借鉴意义,如果有应当如何借鉴,国际社会上一些人认为中国模式是不具有普遍意义的特例。其实,中国改革是"摸着石头过河",反映的是一种务实的探索,从实践中来,到实践中去,打破各种理论的束缚,一切以实践的检验为准。中国的经验对许多发展中国家及处于社会转型的国家具有重要的参考价值。对于我国来说,当务之急是深层次研究自身的经验,同时学习和掌握遍及世界的语言和国际社会对话,尽最大努力战胜文化差异,并在此基础上破解各类难题。需要补充的是,我国应当充分发挥推广中国经验的积极主动性,在推广的过程中加深对本国的认识,从而有针对性地改善自身。

二、体育强国的法制建设

(一)我国开展体育法制建设的重要性和必要性

法制就是法律制度,是法律所规范的制度,包括立法制度、司法制度、执法制度,当然这一切都离不开制度的表现形态——法律,法律制度是由法律规范所构成的。体育法制,即体育法律制度,是法制在体育领域中的运用和体现,是由国家权力机关制定的用以调整、确立体育活动的法律和制度。体育法制,既指静态意义上的体育法律,也指动态意义上的体育法律,即体育立法、体育执法、体育司法、体育守法和对体育法律实施的监督等各个环节构成的一个系统,还指体育活动中依法办事的原则、具有法治的精神和反映法治精神的制度,是一个成熟健全的法治社会的重要标志。国家民主法治建设总是伴随着社会的发展而发展,随着我国社会经济的改革开放,国家的法制建设也得到了相应的发展,也加快了体育法制建设进程的脚步。从人类社会发展历程可见,一个国家的体育事业要获得健康持续的发展必须坚持和实行"依法治体"。这就要求国家建立比较完善的体育法制体系,将体育工作全面纳入法治的轨道。立足于这个视角来分析,体育法制建设是一个国家社会发展程度的重要标志,体育法制建设可以从根本上推动我国法治体制的优化进程和改革进程。

我国建设体育强国的目标不只是局限于彰显我国竞技体育水平,借助这个载体把我国的文化和精神呈现给世界同样是重要目标之一。完善体育法制在发展体育中的重要作用,已是世界上许多国家的共识。体育法制建设不但是体育强国建设的重要部分,也是体育强国建设的有力保障。如果没有健全的体育法制作为保障,如果不对我国体育法制建设中的滞后状况进行改变,那我国体育事业的发展就会受到制约和影响,落后的体育法制将会成为我国体育事业可持续发展的"绊脚石"。因此,建立完善的体育法制法规,让体育法制建设与社会主义市场经济发展需要相适应,与现代体育运动规律相符合,建立体育纠纷解决的良好机制、规范体育参与者的行为、制裁体育违法者,为解决体育发展中的重要问题和突出问题提供重要依据,对保障体育事业的健康发展、对体育强国的建设意义重大。

(二)我国体育法制建设过程中需要解决的问题

由于法制建设是一项艰巨复杂的系统工程,虽然我国体育法制建设工作跟以前比较有了很大的进步,但其建设滞后的状况并未彻底改变。法制意识薄弱,对体育法规的漠视,会导致人们公平信仰的丧失和对体育法制制度的质疑。法制工作的前提是立法,而要将体育法规落到实处,执法是关键。如果有法不依,法律、法规也就没有存在的意义。从整体来说,我国在体育法制建设过程中存在普法、立法、执法三个方面的问题。

1.普法力度有待加强

尽管当代人的法制意识在持续增强,《体育法》也已经颁布了很多年,但为数不少的国民都未能全方位了解体育法制建设的发展。相关调查表明,群众对体育法律法规中赋予自己的权利、义务缺乏了解,他们了解体育法律法规的知识主要是通过电视、网络等途径。由于缺乏维权意识,他们不懂得运用各项体育法规来维护自己的合法权益,更谈不上对管理者们的执法、守法状况进行监督。无论是作为普通的百姓还是体育管理部门的管理人员,在遇到问题时,更多的是倾向于用法律之外的方法来加以解决,用法、护法,打官司只是最终使用的、迫不得已的一种解决问题的备用手段,而不是首选。在体育行业里,如果出现了违法行为,不少人想到的是找人脉疏通关系,用非正常手段去摆平。而这并非正常手段,往往会触犯到道德及法律的规范。体育法制建设工作能否顺利开展,取决于全体体育工作者的法制意识,尤其是领导干部的体育法制观念。如他们对加强体育法制建设的意义及重要性认识不清、对法制建设的目标和性质了解不够,就会习惯于按长官意志办事,不依法行政,那些类似侵占体育场地设施的违法事件就会时有发生。因此,有效惩治体育违法的手段和方法就有必要规范与加强,不能让体育事业因缺乏规章制度的保障而影响了发展。但需要重申的是,体育法制宣传教育才是提高体育法制普法力度的基石,所以说积极完善普法的方式方法有很大的必要性。

2. 立法滞后状况有待改善

法律作为上层建筑存在于社会发展中,它会随着经济的发展而发展。与其他社会事业相比,跟体育事业相关的法律法规数量较少,覆盖面较窄。就现阶段来说,体育领域的立法工作已经有很大进展,但我国体育领域的发展速度要比我国经济领域的发展速度慢得多,要想缩小这两个领域的差距就必须从多个方面做起。体育实践中发生的新情况和新问题对法制建设提出了挑战,要想解决这些情况和新问题就需要有相应的法律法规对问题进行公平合理地解决指引。举例来说,在《体育法》中对侵占体育场地做出禁止性规定,但对违反禁止性规定的行为要承担怎样的法律责任却没明确规定,也没有明确的执法主体,这就导致了体育场地被侵占破坏的现象时有发生。可见,如果体育立法跟不上体育事业发展的步伐,就不能很好地维持发展的秩序,不利于制裁体育违法者,就会阻碍体育事业的发展。由当前层出不穷的体育事件可见,如何量刑和以什么法量刑才能更好地防止犯罪,是体育立法要首先考虑的问题。不难发现,在我国体育事业持续发展的大背景下,体育竞赛管理、体育经营和市场管理以及解决体育纠纷等多个方面的立法都需要进一步完善。同时,配套立法同样需要加强。

3. 执法机制尚未完全建立

体育行政执法的机制和体系尚未完全建立,体育行政部门的执法能力普遍薄弱和执法主体不清是我国体育法制建设中凸显的问题。中国的社会主义法制的原则是"有法可依,有法必依,执法必严,违法必究。""有法可依"是指法律的制定,"有法必依,执法必严,违法必究"则是指法律的实施,属于执法的范畴。通过上述分析会发现,体育法制在普法方面和立法方面都存在问题,这无疑会对体育法律法规的执行过程产生负面作用。由于法律意识薄弱,又无查处的相关制度,因而违反《体育法》的现象普遍存在。一些地方政府在处理一些跟体育经费、体育场地建设等有关问题时,甚至出现以权代法、以权压法的行为。而这些违法现象的存在,又从侧面说明执法机制有待完善。对于日渐增多的体育纠纷,就现实的体制性制约和法治化程度,是无法使有关权利得到公正地伸张和救济的。如果制定出来的体育法规不能依法实施,只做摆设,就如同一纸空文。加上尚未形成有效的体育执法监督机制,在不少环节存在"弱监"和"虚监"的现状。监督体系的不健全,忽视决策监督,使得体育法制建设中执法不严,执行力度不强的现象普遍存在,这将严重影响体育事业的发展

(三)推动我国体育法制建设的可行性策略

1. 提高普法力度,增强体育法制意识

我国体育法制建设只看重法律条文的是不对的,此外要把法

律精神与文化对法制建设的影响与制约纳入考虑范围,原因在于人的价值观是由特定理念支配的,提高国民体育法制意识有助于他们深刻领会法律在公民权利保障中的作用。因此,各级体育行政管理部门应采取多种形式和多种方法在全体公民中广泛开展体育法制宣传教育活动,特别要在体育工作者、裁判员、教练员、运动员中加大《体育法》的宣传力度,加强法律知识的学习,提高体育队伍的法律素质。通过各种体育活动,如比赛、表演等形式宣传《体育法》,以各种方式和渠道拓展体育法制宣传教育工作的深度和广度,提高普法的力度,使体育法制知识深入人心,为体育法制建设创造有利的社会文化环境和发展土壤。

法制活动需要依靠人来实施,体育法制宣传工作的实际成效和体育法制队伍的整体素质有很大联系,原因在于体育法制队伍的建设对体育法制工作的开展情况有深远影响。因此,各级体育行政管理部门要把法制宣传教育工作纳入领导班子的重要议事日程,要按照国家在公民中进行法制宣传教育的决定要求和国家体育总局的部署,设立或指定专门机构、专职人员负责普法工作。把法制宣传教育纳入各单位目标责任制,把掌握法律知识、树立法制观念作为体育干部的必备素质。要做好普法的考核验收工作,使体育法制宣传普及工作不流于形式。要善于总结经验教训,研究探讨有效方式,使体育法律法规家喻户晓,在各行业形成学法、守法、护法、用法的良好风气。

2. 加快立法步伐,完善体育法律体系

众多实例表明,加快立法步伐和完善体育法律体系有很大的必要性。纵观体育职业化的发展进程会发现,我国职业体育制度建立伊始,就明显地存在政府主管部门与职业体育俱乐部的目标设定错位的矛盾,即前者试图通过职业体育的制度设立最大限度地获得社会资源,并通过这些资源提高进入职业体育体系的运动项目的竞技体育水平;后者则试图通过资源的重新配置,达到比原有资源结构所获收益更大的增量收益,以及提升企业的无形资

产的目的。要想妥善处理好这些矛盾,就必须有相应的法律条文作为依据。

2011年9月,"中国法学会体育法学研究会"更名为"中国体育法学研究会",并作为独立社团开展活动。从这可以看到相关专业人士和体育管理部门已经意识到,中国体育若想完成"体育大国"的转变,《体育法》的完善不可或缺。2012年2月,全国球迷期盼两年之久的一审判决终于下达,中国足坛曾经的"名哨"陆俊、万大雪和黄俊杰的罪名均为"非国家工作人员受贿罪",周伟新的罪名是"非国家工作人员行贿罪"。从庭审时公诉人的发言、庭审与宣判时间不断延后以至长达近两年可以看到各种罚则条例的模糊与矛盾,控辩双方在面对如此错综复杂的案情时,都颇感棘手,都觉得需要一个长效、适当的机制,来防范类似的犯罪行为。

可见,在进行体育立法工作时,体育部门要围绕体育发展的中心任务和重点工作,找准切入点和突破点,要根据市场经济体制下体育发展的需要,把握好立法的时机。既要做好体育立法的预测、规划、指导、协调,使体育立法走向科学化、系统化,又要使体育立法对有普遍性、全局性、根本性的重点问题具有针对性;既要使立法工作能及时跟进当前的体育实践,又要及时做好有关法规的清理工作;既要着眼于行使体育社会管理职能、服务社会经济整体发展,以提高全民身体素质为目的,又要避免借立法的机会争权夺利,以法谋私。

除此之外,体育立法方面要注重加快推进体育管理体制的改革进程,主要是指积极转变管理职能和加大对体育俱乐部方面的立法力度。由于我国体育工作的重心逐步向全民健身方面转移和调整,因此要制定与全民健身计划配套的行政法规。体育立法是社会生活和社会关系发展的必然产物。此外,针对目前体育实践中出现的各种问题,应该制定相应的适用性、实施性的法律法规,加强与此配套的一些具体立法。如要加强体育设施建设与保护方面的立法;加快体育经营与市场管理方面的立法;抓紧体育纠纷解决方面的立法;加强运动队伍和体育竞赛管理方面的立法等。总的来说,体育立法的目的是要明确各个职能部门和公民在发展体育事业和参与体育活动方面的基本权利、责任和义务,用法律规范去调整跟体育相关的广泛而复杂的各种社会关系,保证各类人群的体育权利和义务的实现,促进体育事业的繁荣发展。

第二章 体育强国评价指标体系的构建

新中国体育经历了艰苦卓绝的探索历程,基本实现了现代化的转型,北京奥运会、残奥会的成功举办,标志着我国体育进入了发展的新纪元。党和国家站在中华民族伟大复兴新的历史高度,提出了推进我国从体育大国向体育强国的转变,将体育强国目标落到实处,构建科学的体育强国评价指标体系是重中之重。体育强国评价指标体系的构建是一项庞大的系统工程,对其进行专门研究很重要。为此,本章深入研究了体育强国的基本特征,阐述了体育强国评价指标体系的确立,分析实现体育强国战略目标的总体策略,为体育强国建设及其实现路径研究奠定理论基础。

第一节 体育强国的基本特征

对于体育强国的具体概念,国内学者从不同的角度和层面进行了解释,其中的共同点是将体育强国理解为一个动态、综合和数据化的概念,是一个国家体育实力的综合体现,只是体现了其基本的特点,并没有统一的标准。

一、竞技体育成绩卓越

竞技体育具有强烈的辐射力,优异的运动成绩具有鲜明的体能表现力,寓意深刻,通过在竞技场上赢得胜利,从而获得民族自尊心和自信心,竞技体育可以在一定程度证明体育强国的存在。

比赛是竞技体育最主要的特征,比赛成绩可以作为竞技体育水平发展的评价标准,竞技体育发展水平是迈向体育强国的先导,竞技体育也是衡量体育强国的重要指标。在奥运会等国际影响力较大的体育赛事中成绩名列前茅是一个国家竞技体育发展水平的集中展现,称为"体育强国"的国家在竞技体育领域成绩比较突出,而且这种实力是整体实力,体现了全能水平,并不是"单项"的突出。

在比赛过程中,运动员的比赛成绩会受到场地、气候等条件因素的干扰,人们更注重同一时间在同一场地上进行的运动竞赛的比较,很多人都把目光转向了锦标赛、杯赛及综合运动会这样的国际性赛事,大型赛事通常竞技水平高,具有一定代表性的就是夏季奥运会。

北京奥运会中我国以 51 枚金牌位居金牌榜首位,这并不能说明我国在竞技体育上整体实力较强,只是说明了我们在部分单项上具有一定优势,这些项目之所以能够成为优势项目,主要得益于"举国体制"的实行,集中力量向着取得金牌的目标迈进。

不同项目有不同的奥运冠军,由不同国家运动员获得,自然就会在不同国家或地区之间产生比较。必须清醒地认识到一些项目"政府主导"性较强,群众普及程度不够,三大球、田径等高含金量项目低迷仍然困扰着我国竞技体育的发展。

根据国际共识,以奥运会金、奖牌数为标准,金、奖牌榜上主要参考三个常用指标,金牌、奖牌和综合得分前八名。这三项指标各有不同的特定含义,金牌榜重点反映参与国或地区顶级运动员的数量,奖牌榜及综合排名前八则反映着参与国或地区优秀运动员的规模。从不同层面反映了参与国或地区的体育总体竞争实力。

我国竞技体育发展的动力主要来源于国家和政府,属于"外生式"的发展方式,这种发展方式具有一定的弊端,主要表现为发展结果的不平衡性,持续时间短,成本高,不符合体育强国发展的要求。需要建立"内生式"基础之上的发展方式,竞技项目布局合理、发展均衡,整体实力较强是体育强国视野下竞技体育发展的基本特征。

二、群众体育蓬勃发展

体育强国视域下群众体育发展主要以国民体质强、体育参与质量高为基本特征,在市场经济的环境下,竞技体育和群众体育拥有同样的属性,所表现的形式也各不相同,竞技体育过于强调体育所具有的社会价值,却忽略了体育自身所具有的功能,这将导致群众体育的发展滞后。

大范围普及群众体育可以为竞技体育的科学选材提供强有力的保障,科学选拔人才,有利于竞技体育可持续发展。健康促进是体育最为本质的功能要素,提高国民体质是体育强国建设的本质目标。

我国由于在近代历史上发展落后、国民体质孱弱而被外侮冠以"东亚病夫"的称号。新中国成立以来无数中华儿女为实现民族复兴而奋斗,历史发展的经验证明只有国民体质强才能体现民族和国家的发展活力。当今体育锻炼是一种消费行为,在城市社区进行健身运动,成了一种新型的体育运动方式和体育消费形态,从运动服装到运动器材,从运动参与到欣赏高水平比赛都包含了体育消费的行为。

群众体育在一定程度上推动了体育产业的快速发展,越来越多的人参与到体育锻炼中去,选择去体育场馆观看体育比赛,培养了体育意识,弘扬了体育精神,营造了良好的体育文化气氛。

群众体育的蓬勃发展是实现体育发展方式转变的基本途径,衡量群众体育发展状况的重要指标就是民众的体育参与人数和质量,从目前的数据来看我国民众无论是在体育参与的数量还是质量上都与发达国家存在较大差距。

国民体质强、体育参与质量高是体育强国视域下群众体育发展的基本特征,国家在竞技体育方面无比强大,而国民体质下降、青少年体质堪忧也称不上体育强国,只有竞技体育和群众体育协调发展,国民体质不断增强,民众参与体育程度高的国家才能被称为是体育强国。

三、体育科技水平高

科学技术是第一生产力,任何一个大国和民族的振兴都需要科学技术作为基础,在一定程度上是国家话语权和话语能力的重要支柱。当今社会科学技术和智力资源已经成为取代过去自然资源、资本和劳动力的投入,是经济增长和生产力发展的决定性因素。

发达国家已经证实了这一观点。体育科技是决定体育事业发展的主要内容,运动训练的科学化为运动员身体机能评定、技术分析、状态诊断、营养的补充与身体机能恢复、运动损伤的治疗与康复提供重要保障。群众体育中的科技服务,可以为国民体质监测、国民体质健康与促进、科学健身等领域提供理论和实践上的指导。

科技在体育领域中无处不在,科技强则体育强,生动反映了科技发展和体育之间的关系。体育的发展水平反映了一个国家体育发展的科学水平,科技水平高、创新能力强的国家位于世界体育前列,是体育强国视域下体育科技发展的基本特征。

四、体育教育水平高

教育是民族振兴的基础,也是国家崛起的内在动力,更是体育强国建设的内在动力。美国是体育强国,其背后的支撑力量包括了先进的科技、普及的教育和雄厚的经济基础。体育教育和人才培养可以推动国家体育进入世界前列。

俄罗斯的国立体育与旅游大学、德国的科隆体育大学在体育科学研究、体育理论创新以及高质量人才培养方面都走在了世界的前列,高质量的体育教育在一定程度上为俄罗斯和德国的体育发展提供了强大的动力。

实现体育强国的思想和智力保障就是高质量的体育教育和人才培养体系,体育教育培养出来的人才是实现体育强国战略、推动国家体育发展的中坚力量。"百年大计,教育为本",体育教育是体育强国战略目标实施的原动力,建立具有国际影响力的体育院校,实施一流的体育教育,体育教育质量与人才培养水平高,是体育强国视域下体育教育的基本特征。

五、体育产业化发展

体育产业是 21 世纪的朝阳产业,呈现出了强劲的发展势头,体育产业朝着市场化的方向发展,符合经济发展的要求。市场化意味着体育管理部门放松对体育产业运行主体的行政管理。当一个国家步入中等发达国家水平时,国民用于休闲和文化健身的消费就会增多,也就是说一个家庭的恩格尔系数越小,生活就越富裕,人们用于休闲、健身等消费的比例也就会增多。

市场有利于体育资源优化配置的改进,为客户提供体育产品或服务,以市场为导向,使其成为国民经济新的增长点。体育作为现代生活方式的体现,体育消费支出增多不仅代表着人们生活水平的提高,更预示了人们对生活方式和健身意识的重视。

在体育产业发展过程中,体育自身的发展状况决定了体育产业的竞争优势,是体育社会化和市场化的标志,更是体育发展水平的重要体现。要提高体育产业的竞争力,就要首先明确定位,找出体育产业发展过程中存在的问题,采取相应的对策。

体育产业是一个复杂的结构,既包括与体育相关产品的生产,也包括体育服务产品的生产和管理。体育产业的发展遵循消费"决定论",也就是说体育消费决定了体育市场,而体育市场又决定了体育产业。各国体育产业纷纷由社团化向企业化转变,以盈利作为目的的商业俱乐部正在不断增加,在各项职业体育中发挥了重大作用。体育企业普遍将所有权和经营权分离开来,用委托经营或者代理经营等方式。

相较于发达国家来说,我国体育产业总产值在整个国民经济中的比例仍显得过小,其对国民经济的拉动作用还没有充分发挥出来。另外,需要强调的是,体育产业所创造的价值与我国的国际地位及我国体育产业的实际潜能不相适应。由此也可以看出,我国体育产业的提升空间还很大,发展潜力巨大,因此,中国体育产业发展道路任重而道远,要对此引起重视。

目前,发达国家的产业增加值占到本国 GDP 的 1％～3％,欧盟国家的体育产业增加值占当年 GDP 的 3.7％,体育产业发展具有较高水平,具有较强的国际影响力是体育强国的重要标志。

"十二五"期间,我国建立国家体育产业基地 20 个、国家体育产业示范基地 30 个。目前,体育产业各门类协同融合发展,产业组织形态更加丰富,产业结构的合理性也越来越强,体育产品和服务供给充足,层次呈现出多样化的趋势。体育服务业增加值占比超过 30％。

同时,一批具有国际竞争力、带动性强的龙头企业和大批富有创新活力的中小企业、社会组织也涌现出来,形成一批特色鲜明的产业集群和知名品牌。"十三五"规划的目标为:建设国家体育产业示范基地 50 个、国家体育产业示范单位 100 个、国家体育产业示范项目 100 个。

近年来,国家非常重视服务业的发展,通过一系列的措施,来加快发展服务业,使服务业在三类产业结构中的比重有所提高,尽快使服务也成为国民经济的主导产业,进而对经济结构调整以及经济增长方式的转变起到积极的推动作用,使能源资源短缺的瓶颈制约得到有效缓解,使资源利用效率得到有效提高。

从相关调查中可以看出,"十二五"末期,体育产业增加值超过 4 000 亿元,占国内生产总值的比重超过 0.7％,从业人员超过 400 万人,体育产业成为国民经济的重要增长点之一。"十三五"的目标使从业人员达到 600 万人。

我国具有国土面积跨度大、地理环境特殊的显著特点,同时也存在着东部沿海地区经济较中西部明显发达的现实问题。体育产业的发展同样也受到了影响,在经济发展水平的制约下,各地区的体育服务业发展规模和水平的差距越来越显著。

从整体上来说,我国体育服务业主要集中于华东、中南和华北区域,尤其是北京、上海、广州等大城市以及东南沿海经济发达省份,体育服务业发展势头非常好,并且取得了非常理想的发展成效;东北、西南和西北区域的体育服务业发展则相对落后。除此之外,区域间体育产业发展的不平衡性还体现在我国体育用品制造企业在机构数量和从业人数上。

六、体育文化繁荣发展

文化是一个民族的基因符号,体育文化象征了一个国家或者民族在体育领域独特的思维方式,民族复兴就是文化的复兴,文化在一个民族发展和社会变迁过程中扮演着重要角色,特别是在全球化发展的今天,文化在凝聚国民思想、构建国家和民族精神方面发挥着重要作用。

实现体育强国战略目标离不开体育文化的强力支撑,建设体育强国首先形成繁荣发展的体育文化氛围,文化是体育发展的灵魂,对体育的发展具有精神支撑的作用。

国际体坛以西方文化为载体的现代体育文化体系,通过本土理念影响着奥林匹克运动的发展。在奥林匹克文化的发展过程中,英国人创造了现代体育项目规则,美国人为现代体育贡献出了民间资本,它们在对现代体育做出贡献的同时也对本土文化进行了推广。现代竞技体育文化构成了国际体坛的主流文化。

目前,世界格局中的发展中国家向外输出的是劳动力和原料,而发达国家输出的是文化和价值观。体育强国必须要先具备强势的体育文化基础,不是特意形成的,而是在长期发展过程中产生国际影响力和话语能力,是体育强国的主要特征。

随着现代化进程的推进,体育出现了脱离生活的情况和功利化情况,造成了体育运动的"精英化""贵族化"倾向,离普通大众的生活越来越远。让体育回归本质、实现生活化,成为一种社会共识,是当前体育文化建设的重要前提。

联合国教科文组织在《体育运动国际宪章》中,提出"参加体育运动是每个人的基本权利",让体育融入每个人的生活中,成了国际社会的共识。体育生活化体现在体育与生活的相融性、体育参与的自主性、体育活动项目的多样性等,体育回归生活,成了一种生活方式、精神寄托和财富载体,是一种健康生活方式的浓厚文化氛围。

体育是以发展体力、增强体质为主要任务的教育,在活动过程中将锻炼身体作为主要目的,把教育理解为三件事:第一德育;第二体育;第三技术教育。对儿童、青少年要按照不同的年龄顺序教授不同内容的课程。

虽然目前竞技体育发达,但是国际奥委会的职责不能仅局限在主办体育赛事上,同样要肩负对青少年运动员的教育,体育就是一种教育。发展体育文化,让体育回归到最本真的一种状态,培育人的良好精神,形成身心统一的人格。

体育文化是实现体育强国目标的内在需要,体育文化直接关系到人类的生命发展,解释了体育文化现象所具有的本质规律,通过艺术的主要形式提高人们的审美情趣,将体育融入人们的日常生活中。

传统体育活动,在伴随人类发展的过程中,与民俗、民风、生活习惯紧密结合在一起,与人们的生活息息相关、互相渗透。人们通过传统体育活动,可以获得快乐的体验、感受精神的愉悦、营造和谐的生存氛围,逐渐使得传统体育产生了一种更加深层次的文化追求,即对"快乐""和平""安逸"生活的追求。

在我国传统体育文化中,其表现形式有许多都是将竞技、舞蹈、音乐等融为一体,使这些项目既具有各自民族的特色,又具有娱乐和健身的特点,还具有艺术欣赏的价值。

当今中国,体育不能只是竞技竞赛,为了和国际接轨,不能过于强调竞技体育,还要传播体育文化的价值理念,促进体育文化的繁荣。无论是为了争取国际体育话语权,还是为了保护民族体育文化的安全,当前直接目标必然是提升民族体育的软实力,进而提升实现体育强国目标的综合实力。

第二节　体育强国评价指标体系的确立

体育强国战略目标的提出,主要是党和国家对新时期体育发展的总体部署,特别是竞技体育的辉煌成绩为体育强国的战略目标提供了坚实的基础。竞技体育始终是我国体育发展的重点,在"举国体制"和"奥运争光战略"的支撑下,北京奥运会上我国取得了辉煌战绩,在一定程度上表明了我国在竞技体育方面取得的成功。

竞技体育所具有的辉煌成绩和群众体育的发展并没有保持平衡,金牌数量不断增加,但是国民体质特别是青少年体质却不断下降,体育设施和人民日益增长的体育锻炼之间的需求成反比,是我国实现体育强国的主要制约因素。

认清我国目前的体育发展水平,揭示体育强国的评价维度和指标评价体系对清晰认识我国体育发展的现状和发展目标具有重要的理论和现实意义。

一、构建体育强国评价指标体系的原则

体育强国是一个相对的概念,是对一个国家体育发展总体规模与实力的定性化评价,世界上没有一个公认的客观评价标准和公式化的定量指标体系,体育强国是人们内心的一种心理认知。国家各级政府制定相应的宏观战略引导体育产业的发展,对体育发展水平进行认真分析和研究,理论工作者有责任建立一套基本的指标体系。

作为衡量国家体育实力强弱的基本维度,作为进一步的判别尺度和定性分析的数量依据,体育强国指标体系构建的原则应基于现实和实用评价的角度制定。

(1)能够体现体育强国的基本概念,对体育强国概念的定位

决定了对指标的确定,这些指标不仅可以反映出体育的综合实力,而且可以体现体育的潜力,反映竞争能力。

(2)评价指标体系要和体育强国的重要标志相匹配,准确判断出能否达到体育强国的发展水平,选取的指标应该能够代表这些标志的基本内容。

(3)能够综合运用评价体系中的各种指标,反映我国特色,总量指标和相对指标结合运用,将绝对水平和排序数字结合在一起。

(4)指标体系设置要保证可以获得真实的数据和全面的内容,中国体育产业发展迅速,对体育数据统计和调查手段以及调研人力等工作方面提升有限,不要将指标体系设置得过于复杂,导致数据收集无法顺利开展。

(5)保证开放式的指标体系,给派生指标留出充分的空间,能够让未来的研究顺利开展,进行比较分析和动态研究,根据指标体系所反映的水平和做出限定的标准不宜与国情脱离,但要反映体育的潜力。

体育强国是一个综合性概念,包含体育软、硬实力的集合体,不仅包含竞技体育而且还包含群众体育、体育产业、体育科技以及体育教育等领域,体育强国是国家体育综合实力的集中体现,更是国家综合实力的一部分。

国家综合实力包括软实力和硬实力两个部分,硬实力主要是指领土、人口、经济、军事、科技以及自然资源等具有支配性和强制性的能力或权利,软实力是指国家文化、政策以及政治观念的吸引力。把"体育强国"作为我国体育发展的总体目标层,分为国家体育硬实力和国家体育软实力准则层,在准则层的约束下,推导出六个评价维度,根据评价维度确立评价指标体系(图 2-1)。

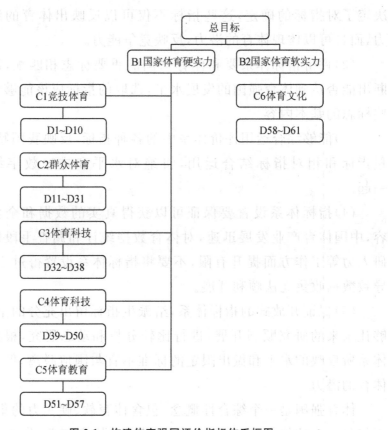

图 2-1 构建体育强国评价指标体系框图

二、构建体育强国评价指标体系

我国由体育大国迈向体育强国,首先,必须是竞技体育大国,也就是奥运强国,这是最基础的要求。其次,大众体育的基础硬件设施充足,拥有足够数量的体育场馆和场地,通过管理和经营,能够对外开放,成为体育强国的物质基础。成年居民经常参与体育运动的比重能够达到 50% 以上,体育消费额占生活消费开支的一定比例,构成了体育强国的群众基础。

按照我国体育发展水平评价维度和层次划分的具体要求初步构建了我国体育发展水平评价体系的预选指标框架(见表 2-1)。

表 2-1　体育强国指标体系创建的初步框架

总体目标层 （A）	准则层 （B）	要素层 （C）	指标层 （D）
体育强国	B1 体育硬实力	C1 竞技体育	D1 夏季奥运会项目的综合水平 D2 冬季奥运会项目的综合水平 D3 运动员在世界主要赛事中取得奖牌的数量 D4 运动员在世界主要赛事中创新世界纪录数量 D5 基础项目（田径、游泳）竞技水平 D6 三大球竞技水平 D7 竞技体育的科研创新及辅助水平 D8 竞技体育后备人才结构与数量 D9 专业运动员及教练员的数量和水平 D10 竞技体育的运行机制、管理体制和管理水平
		C2 群众体育	D11 人均拥有体育场馆的面积 D12 每万人拥有体育场馆数量 D13 每万人拥有体育指导员数量 D14 体育人口数量 D15 经常参加体育锻炼的人口占总人口的比率 D16 群众体育发展规划与保障措施 D17 居民对体育锻炼的需求程度 D18 居民体育消费占总消费指数的比重 D19 居民体育消费占总消费支出的比重 D20 人均拥有体育指导员的数量及水平 D21 体育锻炼参与人群的数量及年龄分布状况 D22 群众体育的物力资源（信息资源、设施、经费、健身组织）投入情况 D23 群众体育的人力资源（体育指导员、体育管理人员）投入情况 D24 群众体育经费投入情况

总体目标层 （A）	准则层 （B）	要素层 （C）	指标层 （D）
体育强国	B1 体育硬实力	C2 群众体育	D25 体育设施供给情况 D26 居民体质健康状况及综合水平 D27 体育公共服务设施的供给、维护与 　　更新状况 D28 机关、企事业体育场馆面向社会的 　　开放率 D29 学校体育场馆的对外开放程度 D30 健身知识的宣传和传播情况 D31 群众对体育设施、服务水平的满意度
		C3 体育科技	D32 运动训练的科技含量及水平 D33 运动训练的方法和效益 D34 群众体育设施的科技水平 D35 体育领域的科技自主创新能力 D36 体育科技成果的转化和应用水平 D37 在世界领先（SCI、SSCI）的体育科 　　技期刊上发表成果的数量 D38 研究成果的国内外转载数量和影 　　响情况
		C4 体育教育	D39 国内体育科技期刊的综合影响力 D40 教练员教育质量和水平 D41 运动员教育质量和水平 D42 居民体育教育质量和水平 D43 学校体育教学质量 D44 学生体育教育质量和水平 D45 学生体质健康状况和环比同比水平 D46 平均体育教师数量 D47 体育院校的教学质量和水平 D48 体育人才的就业和应用水平 D49 体育的社会地位和认同状况 D50 体育教师的社会地位以及认同情况

总体目标层 （A）	准则层 （B）	要素层 （C）	指标层 （D）
体育强国	B1 体育硬实力	C5 体育产业	D51 年均体育彩票公益金的数量 D52 体育产业生产总值占 GDP 的比重 D53 体育产业领域解决就业人口数量 D54 居民体育消费占到总支出的比重 D55 体育产业的国际影响力 D56 体育赛事职业化程度和国际影响力 D57 体育产业市场化程度
	B2 体育软实力	C6 体育文化	D58 体育物质文化发展水平 D59 体育组织管理与制度文化发展水平 D60 体育精神文化发展水平 D61 体育行为文化发展水平

　　体育强国评价指标体系可以按照上述要求制成问卷征询表，采用李克特五级量表进行评定，设置五种不同的答案，"非常同意""同意""不一定""不同意""非常不同意"，专家也可以在附言处写明开放式的"建议和修改要求"。

　　请专家根据自身的知识和经验进行选择，最后通过计算每一个指标的均值和变异系数来修订和选择指标。选择指标的依据主要是，均值大于或等于所设定的均值不小于指标，所选指标的平均得分在满分以上，变异系数小于指标的可以入选。

三、体育强国评价指标体系确立过程

　　（一）专家意见集中程度

　　指标的评分均值就是专家意见的集中程度，数据越大表明对应指标的重要性越高，根据统计学理论，方差（或标准差）越小，数据的波动程度越小，专家意见之间偏差越小，设定均值不小于4.0，方差不超过1.0。

（二）专家意见协调程度

变异系数用来衡量专家评价意见的协调程度，各指标的标准差与其平均值之比来计算，变异系数值越小，表明该指标的专家意见协调度越高。如果变异系数大于或等于 0.25，那么该指标的专家协调度不够。

（三）指标筛选和修订

从专家的评价结果来看，对体育硬实力所表现出来的竞技体育、群众体育、体育科技、体育教育、体育产业等指标体系形成较高的认同。对于体育软实力涵盖的体育文化指标体系，有的专家认为体育软实力不仅涵盖体育文化层次还应涵盖国家体育管理和政策等范畴，可以用体育文化软实力进行统一概括，但是在三级指标中要对上述建议有所体现。

对具有重复含义和相近观点的指标进行合并，在三级指标中的部分指标具有重复之意或具有相近的观测内容，可以合并在一起。运动员在世界级体育赛事上取得奖牌的次数和运动员打破世界纪录的次数两个指标合为一个——运动员在世界主要赛事中取得奖牌的数量及创新世界纪录数量。基础项目（田径、游泳）竞技水平和三大球竞技水平可以合并为一个主要指标——基础项目（田径、游泳）及三大球项目竞技水平。

对于能够直接表述测量评价含义的指标进行观测，专家征询结果认为部分指标的观测点不能够直观表述，表述的内容不够精准、严谨，建议补充指标观测点。

运动员在世界主要赛事中取得奖牌的数量及创新世界纪录数量，主要赛事所指应该补充为运动员在世界主要赛事（奥运会、世锦赛、世界杯等）中取得奖牌的数量及创新世界纪录数量。

群众体育的物力资源投入情况和群众体育的人力资源投入情况可以进一步表述为观测点，修改为群众体育的物力资源，包括信息资源、设施、经费、健身组织等投入情况，群众体育的人力资源,包括体育指导员、体育管理人员投入情况等。

删除部分片面、不能够客观反映真实情况的指标体系,如体育赛事市场化程度与国际影响力指标,体育赛事市场化程度并不能够完全反映体育产业的发展状况,体育产业国际化程度和市场化程度已经包含体育赛事的市场化,这个指标不具备观测意义,建议删除。

在学校体育的维度下所制定的指标学校体育教学质量是一个比较困难的评估指标,我国地域广阔,具有较大的城乡地区差异,在有的地区连体育教师都没有,所以用学校体育教学质量来观测略显笼统。

四、体育强国评价指标内涵

在确立的指标体系中,需要尽量选择具有代表性和能够集中反映出体育强国水平的原则创建指标评价体系,确立评价指标,不仅能够客观反映真实的体育发展水平,同时兼具实现体育强国战略目标的导向性作用。

在这些确定的指标中,有的指标是通用的统计指标,通过直观的字面含义就可以理解测量意图,有的指标具有一定的指向作用,需要对其进行界定。

(1)C6 体育文化。文化是一个庞大的概念,从不同的学科角度可以有不同的理解,各个学科的学者从人类学、社会学、哲学、文化学等角度给予了文化不同的定义,目前世界上对文化的定义很多,广义的文化从人之所以为人的意义上立论,因而将人类社会历史生活的全部内容统统归入文化的定义范围。

一般来说,文化哲学、文化人类学等学科的研究工作者多对"文化"的解说持这种看法。与之相对应的是狭义的文化,狭义文化排除人类社会历史生活中关于物资创造活动及其结果的部分,专注于精神创造活动及其结果,又被称作"小文化"。

从体育强国的总体发展体系来讲软硬实力的比重同样重要,因此,体育文化指标独立存在具有重要意义,是体育物态符号、精神、组织制度和行为方面的软实力指标。

(2)D8 竞技体育后备人才结构与数量。竞技体育后备人才的结构与数量主要是指从事竞技体育的人员数量,这其中既包括运动员也包括教练员的数量。

竞技体育的后备人才是影响竞技体育事业科学、可持续发展的关键因素,一些市场化较差或普及度较低的项目后备人才相对紧缺,对项目的选材和训练造成了较大的限制,观测竞技体育人才的结构和后备人才的数量对反映竞技体育的发展状况具有重要意义。

(3)D21 体育锻炼参与人群的数量及年龄分布状况。体育锻炼参与人群的数量反映了群众体育开展的情况,反映了一个国家或地区居民的体育参与意识,客观反映出了群众体育活动开展的状况。

大多数国家使用体育人口数量或者用经常参与体育锻炼人口的数量与总人口的比例来反映体育开展的状况,但是我国参与体育锻炼的人群成沙漏形状,两头大中间小,在校学生和老年人成为当前体育参与的主要群体,而最应该锻炼的中青年人却因工作压力而缺乏体育锻炼。

国民体质下降成为社会关注的话题,设置"体育锻炼参与人群的数量及年龄分布状况"对国民体育锻炼的情况进行观测,观测体育参与人群的年龄特征对于客观反映体育强国发展水平意义重大。

(4)D25 体育公共服务设施的供给、维护与更新状况。体育公共服务包含了体育器材等硬件设备,以及体育政策法规等软件的保障措施。体育设施的老化导致群众体育运动难以开展,评价体育公共服务设施的供给、维护与更新状况,对实现政府公共服务的可持续性具有重要的意义。

(5)D45 学生体质健康状况环比同比水平。学生体质的下降成为影响青少年身体健康的主要因素,我国学生耐力素质等指标持续呈现下降的趋势,已经引起了教育部门和体育部门的高度重视。将国内外学生的体质状况进行横向比较,对学生在不同时期的体质发展情况进行纵向比较,检测学生体育锻炼的效果,有利于提高青少年体质健康。

(6)D58 体育物质文化发展水平。人类在发展进程中所创造的一切精神和物质遗产都可以列入文化范围,文化可以分为器物、制度与意识形态三个层次,体育物质文化包含了体育场馆设施的文化表达、体育传播咨询、体育物态文化资源状况等。对体育场馆设施进行文化表达,体育传播咨询,观测体育物态文化资源状况,客观反映体育物质文化的发展水平。

(7)D59 体育组织管理与制度文化发展水平。体育组织与制度文化包含了体育的管理水平、制定与实施体育政策、观测体育运行机制等,体育组织与制度发展水平的具体体现是一些地区传统体育文化习俗的传承与发展。

(8)D60 体育精神文化发展水平。体育精神层面文化主要包含体育参与态度和价值观等,体育参与的态度和价值观体现了体育锻炼的认同,通过体育的精神和锻炼实现一种乐观、健康的生活方式。体育精神文化的发展有利于实现社会和谐,凝聚民族力量,对体育精神文化发展状况进行评价能够客观反映体育文化发展水平。

(9)D61 体育行为文化发展水平。体育行为发展水平包括体育管理者的体育活动组织次数和影响程度,还包含了体育参与者个体的体育参与和实践次数。因此对举办体育活动次数、影响程度,体育参与实践活动的频度可以看出体育行为文化发展水平,进而间接折射一个地区体育文化软实力的发展状况。

体育强国是一个动态的概念,在一个相对范畴内,不同的历史背景下有不同的理解,在与不同的参照对象比较中有不同的诠释,指标体系的构建充分考虑了体育强国的本质含义,更重要的是要保证这些指标能够切实通过调查获得,但是不包括操作难度较大的指标。

体育强国评价指标体系是一个开放的结构,二级指标和三级

延伸派生出更多的反应细节和深层次问题的指标,通过这些总量
反映计算更多的相对指标和平均指标,有利于研究和提供政策依
据。一个好的指标体系就在于使其能保持相对稳定,以利于对比
和动态研究,不断支持其定量分析的特有功能。

第三节　实现体育强国战略目标的总体策略

体育大国向体育强国迈进的战略是基于时代的要求,具有我
国特定的历史背景,和我国国情基本吻合,通过结合当代体育强
国发展的共同特点,构建体育强国评价指标体系。我国在竞技体
育、群众体育、体育产业领域方面与世界体育强国之间存在着一
定差距,参考国外体育的成功管理经营模式,实现体育大国向体
育强国迈进提供决策和建议。

一、竞技体育与群众体育协调发展

西方体育发展的主要动力是基于大众体育的推动,以大众体
育为基础进而发展为职业体育的最高形式,我国体育发展具有一
定的特殊性,衍生出了诸如竞技体育、群众体育等概念。以国家
和政府为主要发展动力必然会通过竞技体育,拓展体育的政治和
社会功能来达到提高和展示国家形象的目的。

在这一过程中形成了对群众体育的忽视,主要来自于实践中
的忽视,进而致使群众体育发展滞后,形成了金牌大国与国民体
质下降的鲜明矛盾,这种现象的产生主要是发展实践中竞技体育
和群众体育的结果失衡。

(一)竞技体育全面发展

从北京奥运会位于金牌榜首位,到伦敦奥运会位于金牌榜第
二位,我国在竞技体育领域取得的成绩有目共睹,夏季奥运会中
我国竞技体育的成绩已经位于前位。虽然目前仍然存在着竞技
结构不合理、基础项目薄弱等问题,但这并不影响我国已经是金

牌大国或者竞技体育强国的基本判断。

坚持和完善竞技体育举国体制,逐步实现运动项目的协会制,改革开放后,我国竞技体育得到快速发展的现实表明,坚持竞技体育举国体制和实施奥运战略是中国在社会主义初级阶段参与国际竞争的必然选择。

优化竞技体育项目布局,实现项目协调发展。体育强国战略目标要求我国竞技体育发展要在巩固和保持乒乓球、羽毛球、体操、举重、射击等原有优势项目的基础上,不断扩大金牌的项目分布,挖掘"金牌大户"田径、游泳等项目的金牌潜力,以小项突破为重点,科学选材和训练,力增早日突破,夯实足、篮、排三大球的群众基础,以女排、女足、女篮等项目为重点,力争好成绩,同时,实现夏季奥运会和冬季奥运会的协调发展。

但是目前我国竞技体育项目发展并不平衡,要在继承和发扬优势的基础上,进一步探索新形势下与时俱进的体育发展战略,在社会主义市场经济体制下,实现运动项目的协会化是我国体育事业改革发展的必然要求。竞技体育飞速发展可以提升国家的整体影响力,在提高国家形象和民族凝聚力等方面发挥了重要作用。

国际公认的体育大国,具有的另一个身份就是联合国常任理事国,在奥运会成绩上联合国的五个常任理事国都名列前茅,以伦敦奥运会奖牌榜为例,美国第一、中国第二、俄罗斯第三。竞技体育展示出了国家形象,体现了大国的国际话语权,对竞技体育的重视与国家发展和国际地位提升是同步的。

(二)重视群众体育普及

我国竞技体育领域的成绩建立在对少数项目上的集中突破,很多项目可以包揽全部奖牌,但是像美国这样的体育强国,获得奖牌建立在更广泛的普及层面上,也就是说美国作为体育强国的内在基础是建立在国民广泛的体育参与以及优越的体育设施和条件基础之上的,是一种典型的遵照"内生式"发展方式的体育强国。

我国体育总体发展表现出外强中干的状态,"外强"指的是竞技体育相对较强,"中干"则体现了群众体育的相对薄弱的情况。虽然在理论和政策的制定上倡导竞技体育与群众体育的协调发展,倡导普及与提高的关系。但是事实证明政府和国家在竞技体育上所投入的要比群众体育高出很多,政府在对待群众体育和竞技体育的财政投入上存在着严重的失衡现象,群众体育的发展面临"说起来重要、做起来次要、忙起来不要"的尴尬境遇。

我国经常参加体育锻炼的人口数量较低,大多数的体育锻炼者呈现自发状态,从整体上看处于中等偏下水平,我国民众体育锻炼的质量与效果也不高,缺乏科学的指导和规划。我国经常参加体育锻炼的人口界定标准为"每周参加体育锻炼的次数在 3 次以上,每次锻炼的时间不少于 30 分钟及以上,锻炼的强度达到中等及以上的人"。

美国实行的积极体育锻炼对经常参加体育锻炼的人口的界定为"每周有 5 天进行体育锻炼,每次锻炼的时间在 30 分钟以上,锻炼的强度在中等以上",俄罗斯对于经常参加体育锻炼的人口界定为"每周不少于 3 次体育锻炼,每周不少于 6 小时,锻炼负荷要求肢体积极运动",对锻炼负荷要求中的"肢体积极运动"的标准并不低于甚至高于中等强度的标准。

我国"健身走"和"跑步"能够成为热门体育锻炼项目,并不是因为大众发自内心的喜欢这项运动,主要是大众可以选择的运动项目并不多、缺乏科学指导、缺乏场地设施等因素导致的。

因此,要深化体育管理体制改革,建立健全群众体育保障体系。体育管理体制和运行机制是影响我国群众体育发展的根本原因,实现以政府监督、社会化管理的群众体育管理体制改革符合现阶段我国国情。在资金来源方面利用各种优惠政策,加大群众体育资金来源,保证群众体育活动的顺利进行。在我国竞技体育实力上升的同时,协同群众体育的共同发展,最终实现全民族人民身体素质的普遍提高。

用竞技体育带动群众体育,实现竞技体育与群众体育的协调发展。为了实现从体育大国向体育强国迈进,必须以人为本,注重群众体育事业的发展,以增强人民体质、提高人民生活质量为目标。认真研究新时期体育在人民生活中的重要作用,更加关注人民群众对生活质量的新追求,为人们提供更多的休闲娱乐和多样化的体育需求,让更多人享受社会进步和体育发展的共同成果。

体育发展与政治和国家战略高度相关,竞技体育的发展在任何时期都有其必要性,许多国家将竞技成绩的突破作为展示国家制度和民族优越性的一个重要手段,对于体育强国战略来说,以竞技体育为先导,以群众体育为基础来实现体育强国的目标。

缺少了竞技体育或者群众体育都不是体育强国,竞技体育如衣服的面子,群众体育如衣服的里子,没有里子的面子是空虚的,而没有面子的里子则不能登上大雅之堂。对于体育强国的战略评价维度来说,竞技体育、群众体育、体育科技、体育文化、体育产业、体育教育都十分重要,或者说缺一不可。

竞技体育使国家和政府变强,群众体育使民众和社会变强,只有促进竞技体育和群众体育协调发展才能实现真正的内外合一,实现体育强国战略要以竞技体育为先导,以群众体育为基础。无论是竞技体育还是群众体育都不是独立存在的系统,他们之间相互制约、相辅相成,都不能脱离其他系统而单独存在。

只是单独依靠某一个子系统不能实现体育强国战略,竞技体育和群众体育需要相互促进、协调发展,向"内生式"的体育发展模式转变才能达到科学的可持续状态。当前形势下,应该保持竞技体育在保持和巩固优势项目的基础上,进一步促进和开拓优势项目的发展,解决基础项目薄弱的问题,实现由物向人的整体转化。

群众体育发展应该进一步从思想上、政策上、法律制度和实践上明确群众体育的基础地位,大力发展群众体育活动,逐步向"自下而上"的"内生式"体育发展模式转变,以群众体育的基础性发展推动体育强国战略实现(图2-2)。

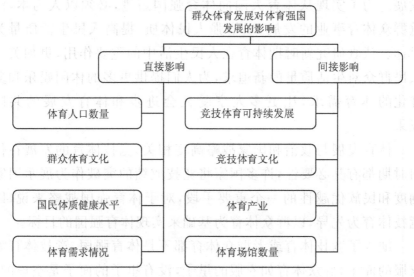

图 2-2　群众体育发展对体育强国发展的影响

　　群众体育、竞技体育与体育强国战略相关变量的中介由具体事件连接,具体事件的连接效果可以分为两个方面——间接影响和直接影响,具体事件所产生的效果影响着体育强国战略的整体实施。群众体育的发展可以实现对群众体育整体实力的直接影响,主要体现在经常参加体育锻炼的人口数量、群众体育文化、体育需求情况以及国民体质等几个方面。群众体育发展实现对竞技体育整体实力的间接影响,主要体现在竞技体育选材以及可持续发展、体育产业、竞技体育文化和场馆数量等方面。

　　体育事业要想实现科学、可持续发展,就要转变发展方式,实现从物到人的转变,发展重心下移,从"自上而下"的"外生式"体育发展方式向"自下而上"的"内生式"体育发展模式转变。中国经济发展和现代化建设上已经具备了一定基础,人们生活水平明显提高,实现"民族复兴、国家富强、人民幸福"的中国梦成了新时代主题。

　　建设体育强国是实现中国梦的重要组成,体育强国建设的基础在群众体育,未来的一段时期内群众体育发展将成为我国体育发展的立足点。群众体育发展水平滞后影响了我国迈向体育强国战略的实现,群众体育发展问题已经成为当前体育工作的关键。政府需要保障人民群众的基本利益,将基层文化设施作为重点,建立覆盖城乡的公共文化服务体系,满足广大人民群众的基本文化和体育需求,让改革发展的成果惠及全体人民是实现"以人为本"科学可持续发展的基本表现。

科技和社会发展最终带来的是生活质量和生活方式的改变,而体育事业的发展最终会让人们强健自身体魄,养成良好的生活方式,丰富体育文化生活,在建设体育强国的背景下针对我国体育发展的现实状况,提出以竞技体育为先导、以群众体育为基础,促进竞技体育与群众体育双向驱动,让体育发展的成果普惠于民才是实现体育强国的根本途径。

二、提升体育文化软实力

现代社会科学技术发展可以带来生产力方面的改变,文化作为软实力成了这个国家或民族的基因图谱和符号象征,从客观上看中华人民共和国成立以来我国体育发展的历史成了西方体育项目引进和扩展的历史,我国主流体育赛事几乎都是与奥运会项目有联系,如今在全运会比赛中得以保留的本土项目只有武术,武术的发展已经根据奥林匹克的需求进行了削足适履般的改良。

奥林匹克的发展是建立在西方思维意识基础之上的,当今世界西方体育强国在奥林匹克的发展过程中注入了自身发展理念和游戏规则,现代体育项目的产生和发展始终与西方思维方式和价值观念相融合。

如今以奥林匹克运动和诸多国际职业赛事为载体的文化形式迅速在全球传播,形成了一股强劲的、不可阻挡的文化潮流,体育强国必须要有自身的文化作为支撑,体育强国必须要有体育文化领域的国际影响力,不仅是在体育物态文化上的强势表现,更需要提倡体育精神上的文化富有。

体育文化软实力是一个国家和地区在体育精神和物质方面形成的综合影响力,体育文化实力包括五个方面,构成了一个国家的体育文化软实力(见图2-3)。

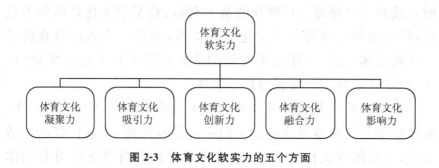

图 2-3　体育文化软实力的五个方面

（一）体育文化凝聚力

群体成员之间的协作和团结能力称为凝聚力，体育文化凝聚力的形成在一定程度上取决于社会群体和成员对文化核心价值的认同，也是群体成员之间共同责权意识的体现。中华文化属于一体多元的文化，广袤的土地上众多民族之间创造出了灿烂的文化历史。

我国民族传统体育项目的数量众多，这些项目主要包括武术、养生、球类、角力等内容，由于民族多元，体育文化的普及具有一定难度，在体育强国视域下，繁荣民族传统体育文化，增强体育文化凝聚力是提升体育文化实力的重要手段。

（二）体育文化吸引力

吸引力是指可以引导人们沿着一定方向前进的力量，吸引力的产生来源于人们对某种事物的兴趣，当人们对某种事物产生兴趣后，这种事物就会对人们产生吸引力。体育文化产品是全世界人们的共同语言，为拥有不同爱好和兴趣的人们提供各自的选择，这种选择的本身就是文化吸引力的作用。

资源属性决定了输出方式的不同，自然界寻找资源的输出即为物质输出，向大脑寻找资源的输出多为文化输出，文化输出和物质输出具有本质区别。即使物质输出非常强大也不能改变国家在世界上的地位和民族形象，只有文化的介入民族精神才得以展现。

体育文化吸引力的产生不能只靠说教和宣传,而要创造一种具有吸引力的形象才能吸引受众,这就需要大众对本国文化具有正确、客观的认识。

我国传统体育文化在全球化浪潮中既面临着机遇也面临来自各个方面的挑战,提升体育文化软实力的关键是在建设体育强国进程中把握机遇提升我国体育文化的吸引力。

(三)体育文化创新力

创新是保持文化活力和生命力的有效途径,创新行为就是赋予资源以创造财富的新能力,凡是能够改变已有资源财富创新潜力的行为,就是创新。文化具有内在的生命力,创新为一个国家和民族的进步和发展带来希望,文化创新是一个文化在新的社会环境下与时俱进的过程,体育文化的创新力主要体现在三个方面:思想、体制与制度和实践操作。

1. 思想创新

从思想层面对体育价值、功能和诸多理论与实践层面的全新认识。

2. 体制与制度创新

改变束缚体育发展的陈旧训练和管理体制,建立完善的体育法律法规制度,为体育强国战略提供制度保障。

3. 实践创新

在体育文化实践发展过程中,推陈出新,建立全新的理念和实践操作方法,适应新的发展规律。

体育文化的创新能力是保持体育文化生命力与活力的重要途径,也是提高体育文化凝聚力、吸引力和扩大体育文化影响力的具体体现。

（四）体育文化融合力

在文化全球化背景下,不同文化之间的冲突与融合是文化发展过程中不可回避的矛盾,文化融合的过程是把相互孤立或者相互冲突的文化整合在一起形成凝结人类整体利益和整体价值认识的力量。

中华文化在历史上具有较强的包容能力和融合能力,倡导在文化和而不同,实际上就是多元互补,传统体育文化起源于民间,发展于民间,具有广泛的群众基础。如果离开了当地人民群众的支持,传统体育文化就很难继续生存和发展下去。

"和而不同"与"多元互补"是中华文化数千年传承而不中断的重要原因,将民族传统体育文化与现代体育文化结合起来,这是我国民族传统体育文化的趋势。同时,也是对当前民族传统体育文化发展中出现问题进行解决的一项重大措施。

中国民族传统体育文化强调修炼人的内在,尤其是对心、身的修炼。对于这一点,武术、气功等是比较有代表性的项目,这些都充分展示出了中华民族传统体育文化。另外,随着社会的发展、经济的进步,人类的文明程度也有所提高,世界上的各种文化之间进行交融,中华民族传统体育文化向着中西合璧的方向发展。当然,我国也需要在中华民族传统体育文化的形式和内容上进行不断地创新。

文化融合的趋势总是从势能高的方向朝着势能低的方向传播,结果必然是强势文化占据优势,体育文化的融合也是一个道理,体育文化中各个子系统虽然有本质区别,但是在相互吸收和融合的过程中推动了体育文化的进步。

我国的民族体育文化需要摒弃"民族本位论",因为这些在一定程度上扼杀了体育的竞争性。需要指出的是,我国少数民族传统体育文化需要突破传统的思想,实现思想的开放,不断将现代化科学成果引进来,对现代优秀的体育文化进行有目的、有选择地接受和吸纳,同时与世界各民族传统体育文化相结合。

民族的就是世界的,因此,越倾向于民族的东西,就越倾向于世界。随着全球化程度的加深和提高,各国之间的联系也更加紧密,加之我国快速发展的现代化进程,我国民族传统体育文化正在逐渐被接受,逐渐成为中西方沟通的重要桥梁之一。

体育文化融合能力不提倡对外来文化的排斥,而是要有所选择地吸收,要以宽广的胸怀汲取、融合其中的养分,做到古为今用、洋为中用。特别在建设体育强国的语境下提高本民族的文化自觉意识,还要提高文化创新能力、凝聚能力和吸引能力,更重要的是提升文化融合能力,为本民族的体育文化发展积累资源,进而持续保持文化生命力和活力。

（五）体育文化影响力

影响力就是影响到他人的能力,一般指一个国家通过自己的实力去影响其他国家意志和行为的能力,既是国家实力的重要组成部分又是国家实力外在表现的一种形式。一个国家在体育文化上表现出的影响他人或者其他国家意志和行为的能力称之为体育文化影响力。

体育文化影响力的形成与自身体育硬实力之间具有一定关系,通常会通过重大赛事和相关的体育产业进行传播。体育文化具有文化的一般特性,属于整个国家的文化系统,也会受到相应的宗法制度、生产方式、文化传承等因素制约。

1. 宗法制度

建立在等级差异和血缘关系之上的宗法制度,以血缘关系作为基础构建社会关系。

2. 生产方式

以农业生产方式为主,建立在农业文明之上的一种文明形态,注重人与自然和谐发展,天人合一的思想。

3.文化传承

构建以血缘关系为主的文化传承体系,形成了特定区域和特殊语境下的传承模式。

我国传统文化影响下的体育文化,受到我国宗法制度、生产方式和文化传承的影响,总体表现为重过程、轻竞技和游戏性,强调自我修为和仪式性的特点。传播力决定了影响力。我国文化依托了独特的乡土文化,传播过程中本土化较为明显,国际传播力相对较弱,影响力有待提高。

三、建立体育产业链

(一)明确体育主导产业

主导产业就是在经济发展过程中起到主要、关键作用的产业,经济发展到一定阶段后,主导产业会对产业结构和经济发展起到带头和导向作用,能够迅速将技术创新的成果转换为生产力,影响其他产业的发展,市场前景广阔,并能够满足市场需求获得持续发展的产业。

体育产业结构系统是一个动态的系统,体育产业中的主导产业是系统内部各个组成部门之间协同作用的结果,体育主导产业与非主导产业相互促进、共同发展,形成有序的体育产业系统结构。主导产业推动产业结构的优化升级,少数主导经济的产业部门是经济发展的主要推动力量。

优化主导产业的产业结构,可以加强各个产业之间的密切联系,互为基础、相互依托,具有以下重要作用:

(1)发展主导产业,充分发挥体育主导产业的回顾效应,推动其他相关体育产业的发展,如体育用品制造业、销售业等。

(2)发展主导产业,充分发挥体育主导产业的前瞻效应,促进体育场馆经营、体育传媒、体育中介的发展。

(3)发展主导产业,充分发挥体育主导产业的旁侧效应,带动周边会展、通信、房产等行业的发展。

（二）统筹区域产业结构

优化区域产业结构需要市场和政府的作用，需要有机结合市场调节和政府调控，发展区域体育产业，推动区域体育产业结构的优化升级。要遵循市场价值规律，制定实施相应的产业政策和措施，促进我国各区域体育产业结构的协调发展与优化升级。

充分挖掘和利用各区域的优势资源，结合地区优势资源与民族体育特点，重点开发优势民族传统体育项目，创新体育产品，合理地选择优先发展的产业部门，发展优势产业的同时可以带动其他体育产业的发展。要打造体育产业中具有特色的体育产品，创立特有品牌，形成各具特色的区域体育经济，促进优势互补，增强各区域体育产业市场竞争实力。

（三）社会投资体育产业

虽然目前我国体育产业对社会投资的限制比较少，体育用品业、体育健身休闲业等都是以社会投资为主，但是受到资源垄断等因素的影响，社会资本在我国主导体育产业中所占到的比例还比较少，这也是我国体育产业缺乏活力的主要原因之一。

深入贯彻落实《国务院关于鼓励和引导民间投资健康发展的若干意见》（国发〔2010〕13号）的精神，鼓励和引导民间资本投资体育产业，政府加大对民间资本投资体育产业的投融资支持力度。

鼓励民间资本向体育用品的生产投资倾斜，建立体育场馆及健身设施，从事体育健身、竞赛表演等活动，促进我国体育产业投资主体的多元化发展，多种所有制并存，经济成分竞相参与体育市场，促进体育产业健康发展。

第三章　体育强国实现路径之体育
文化软实力的提升与发展

文化软实力是我国的政策议题,也是备受国家关注的一个焦点。体育作为一种特殊的社会文化,是文化软实力的重要组成部分。在新的历史时期,随着我国体育强国建设的不断推进,提升体育文化软实力显得更加重要,因此必须全面推动我国体育文化软实力的提升,争取早日实现我国体育强国战略目标。本章主要就体育强国实现路径之体育文化软实力的提升与发展进行研究,主要内容包括体育文化与体育文化软实力、体育文化的交流与发展、现代体育文化发展模式的构建及体育文化软实力提升与发展的策略。

第一节　体育文化与体育文化软实力

一、体育文化概述

(一)体育文化的概念

体育是人类在长期的发展历史中创造的一种身体文化,体育文化指的是人们在促进自身健康、提高人类生活质量的社会活动中创造并形成的一切物质财富与精神财富的总和,包括与之相适应的社会组织及规范体育活动的各种思想、制度、伦理观念与审美理念,还包括为实现目标而采取的各种措施以及相应的成果。

(二)体育文化的结构

体育文化的结构要素包括物质文化、制度文化和精神文化。

1. 物质文化要素

体育物质文化是指以体育为目的或以体育运动方式而存在的各种物质形态,主要包括体育器材及场地设施、体育运动形式和体育物化品。

2. 精神文化要素

体育精神文化是指人类借助于体育或者以体育为依托的主观世界改造的活动以及产物。主要包括四个方面的内容,即以体育改造人类精神的物质内涵与行为准则、以体育改造人类精神的思想观念与理论体系、以体育改造人类精神的主观想法与行动计划、以多种方式表现体育精神的艺术文化。

3. 制度文化要素

体育的制度文化是人类以体育运动的方式进行自我完善的制度产物,是调节与规范体育活动中人们各种关系的规章制度与组织机构。主要包括三个方面的内容,即进行体育活动的各种组织形式、促进体育发展的各种组织机构和影响体育活动的各种原则制度。

(三)体育文化的功能

1. 传播功能

体育文化有一个非常重要的发展形式即交流与传播,传承与扩展是体育文化传播的两条重要途径。传承主要表现为时间上的连续传播;扩展主要体现为空间上的蔓延与扩散。

2. 教育功能

现代体育文化逐渐融入人们生活的文化环境,而不断影响着人的自我塑造与发展,起到了重要的培养与教育作用。体育文化不仅对人的体质发育有直接影响,而且对人性格的形成也有潜移默化的培养作用。

3. 凝聚功能

体育比赛能够将不同民族、国家、信仰的人们集中到一起,这体现了体育文化的凝聚功能。体育文化的凝聚力是其他文化不能企及的,而且产生于体育文化精神层面的凝聚力是相对稳定的。

4. 吸收与创新功能

国家体育只有融入世界体育的潮流,才能取得进步与发展,反之则会落后而封闭。因此,我国只有吸收和借鉴其他各民族的先进体育文化才能实现本国体育文化的创新与提高。现阶段,我国不断与西方体育展开交流与互动,通过学习与借鉴西方体育文化中的优秀成分促进本民族体育文化的繁荣发展。体育文化的创新功能体现在培养身心健康、充满活力的人才,促进文化革新与发展等方面。

二、体育文化软实力概述

(一)体育文化软实力的概念

体育文化软实力是国家体育总体实力和国家文化软实力的重要组成部分,具体是指一个国家的文化因素(体育价值观念、体育制度、体育发展模式及民族传统体育文化等)对国内发挥的引导、动员、凝聚的力量及对国际产生的说服、吸引和渗透的力量。

(二)体育文化软实力的特征

1. 内隐性

体育文化内层的精神文化、制度文化是体育文化软实力的主要内容。体育内层文化是无形的,主要通过抽象、判断、感悟、理解等方式与外界沟通与联系。所以,体育文化软实力是隐性的,而且其施力过程同样如此。

2. 吸引性

优秀文化本身就具有极强的吸引力。国家软实力的深层根源和核心实力主要就是文化魅力。文化具有特殊的力量,它没有强制性,主要靠精神、情感来潜移默化地影响人,而且渗透力和超越性极强。根本上来说,文化魅力是国家软实力中"软"的主要体现。同时,软实力的"力",也体现在文化特殊而强大的"魅力"上。同样,优秀的体育文化犹如具有强大磁力的磁铁一样吸引着人类。

3. 扩散性

体育文化软实力具有易扩散的特征。强烈的竞争意识、良好的团队协作能力是现代人必须具备的生存条件,体育可以有效培养人们的这些精神和能力。现在,体育已成为现代人生活的一部分,对于现代人来说,这部分内容不可或缺,毫不夸张地说,现在社会的每个角落都有体育的痕迹,体育文化或多或少影响了世界上的每个人,这体现了体育文化软实力的扩散性。

4. 非强制性

文化软实力与文化硬实力是相对应的,二者在实施力量方式上存在差异,硬实力具有强制性,以强硬的力量将对方征服;而文化软实力则不然,其以柔性的方式获得利益,并对自己的利益加以维护,可见文化软实力是非强制的。

人们仰慕并追求美好的体育价值观、体育道德、体育精神,甚至会为这样美好的文化而倾倒;而采用硬性的力量手段强迫人们接受美好的体育文化完全没必要。非强制的体育文化可以使人们不同层次的需求得到满足,因此不需要采用任何强制性方式与手段就可以使人们积极参与到体育活动中,体育文化软实力以其巨大的魅力赢得了人类的认可。

5. 易接受性

体育文化是一种人体文化,人类认识和模仿体育相当方便,这就为体育的传播提供了便利。没有任何一种文化现象可以像体育这样非常容易地沟通人们的思想情感,提高民族认同感。在体育文化软实力的施力过程中,之所以容易被客体接受,正是因为体育文化具有易接受性,体育文化软实力的渗透力和融合力很强,也是由这一特点决定的,在这一基础上,各国体育文化相互交流、相互融合,促进世界体育文化的繁荣发展。

第二节　体育文化的交流与发展

一、体育文化交流与发展的意义

(一)促进体育事业的发展

体育文化从产生之初,一定形式的交流现象就已经出现了,任何时期任何一个民族和国家都难以游离在世界体育文化的相互交流之外。在与其他民族或国家体育文化进行交流时,本国体育文化会得到刺激,从而补充新的体育文化,促进体育事业发展壮大。例如,新中国成立后,主动与国外体育交流,从而达到了维护国家主权、扩大国际影响、推动体育改革、促进体育发展、增进和平友谊等目的,使得中国体育文化呈现出勃勃生机。

(二)推动体育文化持续不断向前发展

各个国家或民族之间的体育文化交流不但可以使民族之间的融合性得到增强,而且还能使国家之间的了解进一步加深,从而增进国与国、民族与民族之间的感情。对于任何一个国家或民族来说,体育文化的交流与传播,都可以使本国家或本民族的体育文化得到持续不断的发展。

（三）促进各地体育文化的均衡发展

由于不同地区的自然条件及社会发展都存在一定差异,从而使得各地体育文化的发展呈现不平衡现象。而通过各地体育文化的交流与传播,能够将落后地区体育文化的发展有效带动起来,这对各地体育文化的平衡发展具有重要意义。体育文化交流的调节作用主要就在于交流的各方都能汲取对方的精华、吸取对方的经验教训,互相补充、共同发展。

以中国武术为例,武术文化的发展就是在交流中不断融合各民族武术,汲取了其他民族武术的优秀元素,从而呈现出中华武术的共同特性,形成了重人伦、讲武德、重身心兼修的武技伦理观念和独具一格的运动文化体系。

二、体育文化的主要交流方式

（一）移民迁徙

移民迁徙大多是指由于天灾人祸,尤其是战争和瘟疫而造成的影响极为广泛的人口大迁移,这种迁徙在各国史册上都有记载。所以,这也是最常见的体育文化交流方式之一。在中国历史上,曾多次出现过民族大融合,中原和北方少数民族间的移民迁徙是造成这一现象的主要原因,在民族融合过程中,不同民族的体育文化相互交流、融合,从而促进了中国传统体育文化的繁荣。

（二）贸易往来

在贸易往来中,往往伴随着体育器械的交易,这种交易对体育物质文化的交流具有重要的促进作用。例如,中国古代时期与朝鲜、日本的贸易往来往往伴随着体育器械的交易,而且商人也在贸易往来中获得了对交易国生活方式的了解,这对其所在地体育文化的发展起到了一定的促进作用。

（三）传教与殖民

在体育文化发展中，传教也是一种有效的交流形式，很多体育观念都是通过传教士传播的。例如，近代欧美国家不断扩张与发展，并对殖民国家展开传教，其中基督教青年会对于欧美体育文化的传播与推广起到了非常重要的作用。通过殖民行为，宗主国将本国体育文化带到了被殖民国家，对宗主国与被殖民国家之间体育文化的交流起到积极作用。

（四）旅游与留学

在不同的历史时期，各个国家都有不同程度的往来，其中最普遍、最常见的往来形式是旅游和留学。这种方式对各个国家体育文化的交流起到了重要的促进作用。例如，马可波罗和利玛窦到中国旅游，对中国文化有了一定了解，回国后将这些文化传播到欧洲，其中就包含中国体育文化，这对中西体育文化的交流起到了积极的推动作用。我国出国学习的留学生也有很多把留学国家的体育文化带回本国。例如，詹天佑等知名学者在赴美国习练棒球后回国，积极影响了中国棒球运动的开展。

（五）外交活动

体育文化也可以通过外交活动实现交流，如中国在1971年与美国实行"乒乓外交"就是一个通过外交活动促进体育文化交流的实例，实行乒乓球外交，不仅在体育文化层面上推动了两国的交流，而且也使两国在其他方面有了频繁互动。

（六）书刊往来

载有体育内容的书刊往来对体育精神文化的交流也起到了重要的促进作用。例如，民国初年，大量西方体育项目传入中国，在这一阶段，我国翻译出版了不少西方的著作，其中就有关于西方体育的著作。20世纪二三十年代，中国体育杂志上刊登过不少关于西方国家的知名体育人物和事件,可见书刊往来也是体育文化交流的一种重要方式。

（七）大众传媒

在科学技术快速发展的今天,人们获得信息的途径越来越多元,大众传媒在推动体育文化交流方面的积极作用也日益凸显。通过大众传媒,各种体育比赛的现场直播、国际性的广播、体育电影和体育电视节目都可以让观众对体育比赛有更加直观的欣赏,达到无人不知无人不晓的效果,可见大众传播媒介对体育文化的交流和传播起到了举足轻重的作用。

体育文化的交流方式远不止以上几种。随着社会的不断发展和进步,体育文化交流方式也在不断增加,并且有了多样化的转变,这就进一步丰富了体育文化的研究内容,为体育文化交流与发展的研究提供了更多的角度,从不同角度出发研究体育文化有助于提高对体育文化的认识与理解水平。

三、我国体育文化的现代化发展

（一）中国文化转型推动体育文化发展

21世纪以来,随着改革开放进程的不断加快,我国社会主义市场经济也开始步入现代化发展阶段。迅速发展的经济使我国发生了重要的社会转型,并使我国文化面貌发生了明显的改变,促进了文化更新,极大地影响了我国体育文化的格局。它与体育的"六化六转变"(表3-1)一脉相承。

表3-1　体育的"六化六转变"

"六化"	"六转变"
科学化	福利型——消费型
生活化	一家办——大家办
普遍化	经验型——科学型

"六化"	"六转变"
法制化	人治——▶法治
社会化	行政型——▶社会型
产业化	事业型——▶经营型

文化的多重结构与过渡性发展趋势是由多重社会跨越造成的。在社会跨越中,体育文化呈现出社会化发展动态,如自我体育兴起、体育生活化等,这些使体育文化进入了新的发展境地,具体表现在以下几个方面:

(1)我国文化创新的趋势与文化传承的态势越来越明显,这是由文化现代化发展所影响的。在运动训练领域,体育文化创新很受关注,在大众体育健身方面,人们对观念更新与技术创新的重要性也逐步有了深入的认识。

(2)我国文化融合大于文化净化,这是由不断提高的社会开放程度所影响的。我国从其他国家引入了大量新奇和高雅的体育文化,这些外来体育文化对我国传统体育文化带来了猛烈的冲击。

(3)随着市场经济的发展,大众体育文化与精英体育文化由冲突走向兼容与融合。现在大众体育文化中流行的台球、保龄球等项目曾经就是精英体育文化内容。

(4)社会呼唤可以体现市场经济需要的新价值和新道德,文化变迁与文化冲突日益加大了这种呼唤。传统落后的体育文化价值观与体育事业的发展不相适应,人们期待建立与体育发展相符的新价值标准。

在激烈的世界体育文化竞争中,我国体育文化要想立于不败之地,就必须重视创新,在继承优秀民族传统体育文化的同时,创造新的体育精神。

(二)文化市场的兴起呼唤体育文化产业的发展

随着我国社会主义文化市场的兴起与壮大,其发挥了越来越重要的作用,具体表现在以下几个方面:

(1)促进社会主义精神文明建设。

(2)促进文化部门自我发展能力的增强。

(3)促使文化艺术的繁荣。

(4)促进中外文化的交流等。

我国体育文化产业包括科技文化产业、媒体文化产业、艺术文化产业、教育文化产业、旅游文化产业等内容,这也是我国文化体系的基本内容。它们是一个有机整体,相互联系、补充,同时又相互制约,在社会经济发展中的地位都非常重要,而且发挥着不可忽视的作用(表 3-2)。

表 3-2　体育文化产业体系的作用

体育文化产业体系内容	作用
教育文化产业	基础性作用
媒体文化产业	动力性作用
科技文化产业	主导性作用
艺术文化产业	感染性作用
旅游文化产业	陶冶情性作用

在体育产业和体育事业发展中,应将体育文化产业放在战略高度重视起来。体育有形资产和体育无形资产的顺利沟通离不开体育文化产业的中介作用。现代体育文化产业群体系已基本完备,而且与体育用品销售、职业体育俱乐部经营、体育竞赛经营等发展较好的体育产业相比也没有明显的差异。发展体育文化产业不但能够获得良好的经济效益,还能推动体育文化的传播与推广,促进健康文明的生活方式的形成。

第三节　现代体育文化发展模式的构建

一、现代体育文化发展模式构建的基本要求

文化模式是特定民族、社会或地区的诸文化特征长期相互联

系、适应而形成的协调一致的组合状态和构成方式。

体育文化是文化的重要组成部分,也具有一定的模式。体育文化模式是指各个国家、民族、地域的体育文化特征相互作用而形成的比较稳定的组合状态和构成方式。体育文化模式是历史的产物,是人类在长期的发展过程中形成的。对体育文化发展模式进行研究,不仅对于了解人类体育文化的历史个性和特殊价值取向有利,对于促进体育文化的未来发展也具有非常重要的意义。

体育文化发展模式的构建需要注意以下几个要点:

(一)正确处理社会需要与主体需要的关系

体育文化社会需要与主体需要之间有相同的地方,同时也存在一些明显的区别,具体表现在出发点、形成机制、表现形式、类别属性等方面。

在长远的发展历史中,体育作为一种文化现象,其发展的根本意义被定位于适应和满足社会需要,而关于自身的主体需要很少涉及,这就导致一定程度上体育文化成为国家的一种"工具"。因此,正确处理好体育文化主体需要与社会需要之间的关系,从体育文化的理念、物质、制度与行为等层次出发,使其成为一个有机的文化系统,并且要促进体育文化社会需要与主体需要的有机结合,这样才能顺利完成现代体育文化发展模式的构建,从而在信息时代达到促进体育文化进一步发展的目的。

(二)正确处理主观能动性与外部性干预的关系

体育文化发展过程中所面临的影响因素是多种多样的,在这一过程中,需要对体育文化发展的主观能动性与外部性干预之间的关系进行妥善处理。具体来说,就是要明确一些问题,如谁来建设体育文化,如何建设才能够达到低成本高效率的效果等。

体育文化的建设与发展,不仅与自身主观能动性的参与有密切的联系,同时也受大量外部因素的推动。这两方面的因素都对体育文化的进一步发展起到了积极的促进作用。在过去的计划经济时代,国家对体育的控制在一定程度上对体育文化的发展造成了限制,这种外部干预使当时体育文化的发展呈现出明显的国家性特征,而社会性特征却不明显。改革开放后,随着经济改革的深入,我国社会各个层面的改革都取得了骄人的成绩,在这样的背景下,体育文化也取得良好的发展成就。在新时代,各种文化间的碰撞越来越频繁,面对全球化背景,面对多元文化并存的局面,我国体育文化只有不断发展与创新,才能够在保持自身特色的基础上屹立于世界文化之林。要大力发展体育文化,还需要具备开放的心态和勇于接纳的胸怀。使本国的体育文化在与其他国家体育文化的相互碰撞中相互吸收与融合,真正形成具有自身特色和良好竞争实力的体育文化,同时在融合中也要注意创新和与时俱进。

　　需要强调的是,体育文化的快速发展仅仅依靠外部因素的干预是不可行的,必须要经历体育文化主体自身不断的整合、选择与建构过程。在实际工作中,应该对外部干预进行控制,政府主管部门将自己的角色明确下来,不要独揽大权。政府在履行自身职责的过程中,要注意维持市场对体育文化的导向作用,要对文化主体表现出充分的信任,相信文化主体有能力推动自身的发展。因此,只有将主观能动性和外部性干预之间的关系处理好,才能够推动体育文化更快、更好的发展。

二、不同阶层体育文化发展模式的构建

（一）不同阶层体育文化差异理论模型

　　在不同地域、社会阶层中形成的体育文化模式也是不同的。由于社会资本、经济资本和文化资本的不同,不同社会阶层参与体育活动所表现出的价值取向与行为方式都是有区别的,这主要与各阶层的地位特征有关,而处于同一社会阶层的人在体育活动中所体现出来的行为方式和价值观基本上一样。据此可知,行为

是受文化模式影响的。如果某一体育活动被设定的社会阶层定位不符合人们所处的实际社会阶层,那么人们几乎就不会选择参与这项体育活动。我们可以按照社会阶层关系来对体育运动项目进行相应的分层,分层结构可以用金字塔模型表示(图3-1)。

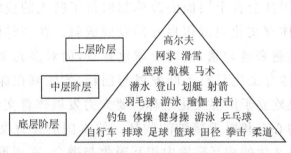

图 3-1 体育运动项目分层结构(金字塔模型)

观察图 3-1 所示的体育项目分层,可以从中把体育项目概括为四大类型:体能密集型、技术密集型、消费密集型和时间密集型。不同社会阶层参与体育项目的特点如下:

(1)社会阶层越高,绝对消费水平也就越高,即体育消费水平与社会阶层呈正相关。

(2)社会阶层越高,人们就越倾向于选择难度较高的体育项目,即体育项目的难易程度与社会阶层呈正相关。

(3)社会阶层越高,人们就越倾向于选择不需要身体接触、个人就能够单独完成的体育运动项目,即社会阶层与体育运动项目的性质呈负相关。

(二)不同阶层参与体育活动的文化模式

不同社会阶层参与体育活动所表现出来的模式化倾向并没有明显的差异,更多的是这些倾向之间相互渗透,相互重叠。不同阶层参与体育活动的文化模式主要可以分为三种类型,具体分析如下:

1. 以健身为特质的康乐文化模式

以健身为特质的康乐文化模式对应的社会阶层主要是部分中下层和社会下层。这些阶层的群体生活水平较低,没有富余的财力。体力工人劳动者、没有经济来源的下岗工人和一些收入较低的退休职工是这一阶层群体的主要代表。他们主要从健康的角度来理解体育活动的价值与功能。他们参与体育活动主要是为了健身,然后是打发时间,体育活动的本质性生物功能是促使他们参与其中的主要动力。

(1)体育消费倾向少花费、易获得。社会下层群体的经济来源少、收入低,这对其社会参与行为造成了严重的制约。所以他们在体育消费中也滞后于其他阶层。体育运动服装是他们进行体育消费的主要领域,而需要交费的体育场所他们几乎不会主动进入。而且他们在体育活动器材方面的投入也十分有限。在获得体育消费信息方面,这部分群体也表现得较为消极。

(2)体育活动方式简约化。时间密集型和体能密集型的体育项目是社会下层群体的主要选择。他们参与体育活动主要是为了锻炼身体,保持好的身体素质。他们因为技能水平有限,所以会选择一些比较简单的项目。他们进行体育锻炼的场所主要是自然场所,很少去人工修建的专业场馆,因为专业场馆往往是收费的。

2.以娱乐为特质的情趣体验文化模式

娱乐是体育活动场所的基本功能之一,丰富多彩的体育娱乐活动吸引人们参与其中,达到缓解身心疲劳,宣泄精神压力的目的。这一阶层主要包括部分中上层和部分中下层群体。他们参与体育活动的目的主要是消遣和娱乐。他们对体育活动的健身功能、健心功能及娱乐功能十分重视。

(1)体育消费更加理性。中上层和部分中下层群体处于一种中间形态,他们在体育消费方面比较理性,对过高的消费会有意识地避免,对于体育活动的健身性、实用性以及娱乐性他们更注重。在体育消费时,他们通常会把握一个"度",超出自身实际范围的消费他们不选择。社会中层人群拥有一定社会资源,但受经济收入的影响比较大,在体育消费中表现出一定的敏感性。他们往往会根据不同情况表现出一定的偶然性和淡然性,是受"体验经济"影响最大的群体。

中间阶层的部分个体参与体育活动的方式具有"他人导向型"倾向,也就是说不是积极营造的,而是表现出对新奇事物的尝试与追逐。他们参与体育活动,更像一种从众行动,体现出求同去异的心理机制。为了与规范、标准的"大众"保持一致,他们容易丢失自身的风格,在众多体育消费活动选择上往往表现出被动接受的迹象。

(2)体育行为方式大众化。社会中间阶层往往会以健身和娱乐为主要目的而选择体育活动,在项目选择上表现出大众体育文化倾向。所选的体育活动具有一定的共性,即较为简单,容易学习与掌握,消费不高。他们参与的体育活动在伙伴选择上没有过高的要求,很容易通过血缘关系和地缘关系找到合适的伙伴。他们对活动场所没有太高要求,只要环境和设施能够满足基本健身和娱乐需要就可以了。

3. 以文化作为特质的自我实现文化模式

现代体育逐渐成为人们生活方式的文化基础,体现人们的价值取向。关注体育文化特质可以在一定程度上实现人自身的人格发展目标,因此这很自然地成为社会上层、中上层参与体育活动的文化模式。在这些社会阶层主要包括企事业管理人员、事业单位人员、公务员、私营企业主等社会精英及等级较高的白领阶层中的人员等。对于他们来说,他们参与体育活动除了满足锻炼身体、增进健康的需求外,对体育中自我发展空间和生活的文化意义也给予了高度关注。从参与体育活动的动机来看,体育的文化功能备受这些群体关注。他们也非常重视人与人之间的交流和沟通,希望通过参与体育活动与同一阶层或更高阶层的人建立良好关系,形成稳定的交际圈,为以后自身的发展积累社会资本。

(1)体育消费倾向专业性。社会中上层的时间成本比社会下层要高,社会中上层群体参与体育活动,对时间与消费的比例问题比较关注。也就是说,短时间内能够产生更多消费的体育项目是他们更乐意选择的。社会上层和中层与其他阶层相比,更加关注体育项目的文化性,主要体现在体育消费中追求体育运动的专业化。这种专业化并不是追求体育技能,主要是从该体育项目所包含的文化层级进行考虑。社会上层及部分中上层群体的体育消费并不单纯是对体育活动本身的消费,他们将这种单纯消费转化为对某种富有文化精神内涵的意义消费,此外还有对某种生活方式的认同消费。

(2)体育方式具有阶层特征。社会上层及部分中上层群体与其他阶层群体相比,受教育程度较高,他们选择体育活动方式、场所、时间及伙伴有一定的模式化特征。比如选择游泳、舞蹈、网球、瑜伽等体育项目的概率高。从每周参与体育活动的次数来看,也比其他阶层多,时间长的体育活动很受他们欢迎。他们选择伙伴时主要是从兴趣和业务两方面需求出发。

第四节　体育文化软实力提升与发展的策略

一、重构体育价值体系

(一)体育价值体系建设

1. 体育价值体系的结构

体育价值体系主要由核心价值和外围价值两部分组成。前者的主要特点是比较稳定,后者相对于前者比较松散。体育价值体系是否具有稳定性,主要由其核心价值这一组成部分决定,吸引力、说服力较强的核心价值越能够使整个价值体系更加稳定,因为它能够对社会生活中的各种困惑和矛盾做出合理解释和科学说明,以精神的力量对外界困难进行处理,缓和外界矛盾。因此,在体育价值体系构建中,构建核心价值体系特别重要。

体育价值体系结构如图 3-2 所示。

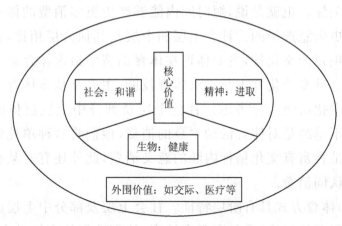

图 3-2 体育价值体系结构

体育核心价值主要体现在以下层面。

(1)生物层面的"健康"。体育的本质功能是促进人体健康，所以在体育生物层面的价值中，选取"健康"作为代表。

(2)精神层面的"进取"。关于体育价值体系中精神层面的价值，有关学者从不同文化类型中寻找共同点。现代体育是从西方体育文化传统中发展而来的，所以现代体育价值体系中，精神层面的价值主要表现为"竞争"。而东方体育文化吸收了儒家文化的精髓，虽然"仁""和"等儒家文化发挥了重要的导向作用，但"天行健，君子以自强不息"式的进取精神也对东方体育文化产生了深刻的影响，因此东方传统文化具有内在"进取和竞争"的传统精神。

(3)社会层面的"和谐"。社会中的每个人都会不可避免地与人交往，交往中伴随着合作与竞争，不论人与人之间以何种形式交往，都有一定的秩序规范可循。体育运动育人功能的实现与其严格的规则密切相关。尊重规则和对手、维护社会秩序、促进社会和谐等是体育的社会功能体现，因此将"和谐"选作体育社会层面的核心价值(图 3-3)。

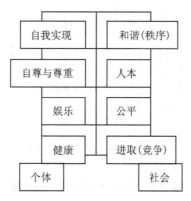

图 3-3　体育社会层面的核心价值

2. 体育核心价值体系的构建

一般来说,分析社会价值体系,需要从以下几个方面着手:

(1)分析社会价值追求。

(2)分析社会价值理想。

(3)分析社会价值取向。

(4)分析社会价值规范。

按照上述内容,从哲学视角出发,可以将社会主义核心价值体系分为表 3-3 中的四个部分,表中也反映了每个部分在该体系中的不同地位和作用。

表 3-3　社会主义核心价值体系的结构

结构内容	地位(作用)
社会主义荣辱观	基础
中国特色社会主义共同理想	主题
以爱国主义为核心的民族精神和以改革创新为核心的时代精神	精髓
马克思主义指导思想	灵魂

按照表 3-3,可以将体育核心价值体系的结构内容确定为四个部分(见图 3-4),而且每个部分的地位与作用不同(见表 3-4)。

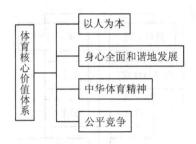

图 3-4　体育核心价值体系的结构内容

表 3-4　体育核心价值体系的结构

结构内容	地位（作用）
公平竞争	基础
身心全面和谐地发展	主题
中华体育精神	精髓
以人为本	灵魂

下面具体分析体育核心价值体系的结构内容。

（1）公平竞争。争夺稀缺资源，必须采取竞争手段，竞争在现代社会生活中随处可见。和其他领域的竞争相比，体育领域的竞争相对来说是比较公平的，这主要取决于体育的公开性。对于任何身体外的不平等，体育竞赛都无条件拒绝，在同等条件下公平竞争是体育竞赛的主旨。虽然不公平现象在体育发展实践中或多或少存在，但体育运动始终将公平作为基本准则和追求目标，正因如此，人们才将体育看作是公平的象征。在体育领域，要做什么、如何做都是明确的，而且运动员的行为准则和价值规范都非常严格，这都是体育运动公平性所致。

（2）身心全面和谐地发展。体育发展的根本目标是促进身心全面而和谐地发展，这也是体育核心价值体系的主题。人是体育的主体，同时也是体育的客体，这里的客体主要是指人参与运动的身体。体育运动能够使人强身健体，培养人开放、竞争的良好性格，促进社会交往，实现全面发展目标。

（3）中华体育精神。体育精神是"人们在体育活动中形成的，以健康快乐、团结协作、公平竞争、挑战征服等作为主要价值标准的意识、思维活动和一般心理状态"①。中华体育精神是中国体育基本价值取向的重要体现,是经过文化自觉后的中国体育核心价值体系的精髓。

关于中华体育精神的内容,不同学者提出了不同的看法,具有代表性的是学者谢琼桓和黄莉总结的观点,见表 3-5。

表 3-5　中华体育精神的内容

谢琼桓的观点	黄莉在谢琼桓基础上总结的观点
为国争光	爱国主义精神
无私奉献	乐观自信精神
遵纪守法	公平竞争精神
科学求实	实用理性精神
顽强拼搏	英雄主义精神
团结友爱	团队精神

除上述观点外,学者胡小明先生还指出,体育精神并不是我国独有的,这是全世界共有的精神。他认为,中华体育精神应秉承"仁者爱人"的传统观念,应注重个体生命具体性。体育由自我关怀到联系他人,情感由家庭、学校、社团扩展到社会、国家和世界,才能对协调统一的人文精神产生深刻的理解,才能向中华民族"天人合一"的理想靠近。此外,胡小明还指出,在遵从"以人为本"的同时,中华体育精神还应该坚持中华民族的独特个性,即"和而不同"。

(4)以人为本。作为体育核心价值体系的灵魂,"以人为本"是体育发展的重要指导思想。人类在体育活动中一次次向自身极限发起挑战,从而使新的纪录不断被创造,而且人类挑战极限是可以获得功利和其他回报的,但这并非体育的根本,它们都是

---

① "提升我国体育文化软实力核心问题研究"课题组. 中国体育文化软实力及其提升[M]. 北京:科学出版社,2015.

特殊的工具,是为"人"服务的,如果不是为了服务于"人",体育是不可能存在的。因此,要围绕"人"这一中心需要来开展每项体育工作,使人的价值和追求能够通过体育路径得以实现。

(二)体育价值体系的落实途径

1. 体制改革

客观存在的现象,尤其是现实的体育制度对人的体育观念产生了极为重要的影响。中国 20 世纪五六十年代形成的体育制度经过不断发展延续至今,计划经济色彩浓厚,导致我国在"举国体制"下进行体育资源配置。这种体育体制产生的社会影响非常大,在形成之初发挥的作用也不容忽视。正因如此,在改革开放进程中,我国并没有对体育体制的发展方向做出调整,因此体育体制才能够继续按照历史惯性延续与发展。再加上个别集团打着"为国争光"的名号牟取不当利益,污染了体育风气,导致许多不正常现象频发。此外,体育的发展在社会转型中也受到了各种价值冲突的影响,从而致使体育价值观念的异化严重,给原来的体育价值体系造成了强烈冲击。

合理改革现有的体育体制,以均衡而健康的价值取向来发展体育,有利于对落后体育价值观念的纠正。竞技体育和群众体育协调发展、相互促进,城乡体育协调发展等是体育协调发展的重要体现。只有按照客观规律促进体育资源的合理流动,并以此为基础适当倾斜弱势群体,才能使体育的公平性真正发挥作用,也才能更好地对体育的身心健康价值进行宣传。

在基层群众中开展民族民间体育活动对提高中国传统体育文化的自觉性非常有利,同时对弘扬优秀的中华体育精神也有积极作用,而这些都是促使体育"以人为本"价值取向不断实现的重要途径。这个过程也是体育价值体系发挥作用的过程。

2. 体育实践

落实体育价值体系,实践是根本途径。只有采取实践行动,

才能对理论进行检验,从而进一步修正理论,这是检验和修正理论的唯一路径,具体从以下两方面落实:

(1)"内生性"途径。人们从自身需要出发,选择体育价值体系并不断内化(或外化)的过程就是"内生性"途径。

体育价值体系能够使人对体育价值的追求得到满足,实现人的精神追求和自我价值,这从体育核心价值体系中更能够得到明显的体现。

(2)"外源性"途径。人们以外部环境的影响为依据对自己的价值追求和实践行为进行调节的过程就是"外源性"途径。

社会生产力、生产关系、上层建筑、教育程度等外在条件会对人的认知和行为造成不同程度的影响,可见人的认知行为既有能动性,又有受动性。社会活动中的行动主体在这种情况下必然会与外界产生各种联系,利益共同体在此基础上逐步形成。在体育价值体系实践中,要与人们的体育实践活动密切联系起来,贴近人们的生活实际和心理需求,通过影响群体来对个人产生积极影响。

3. 宣传教育

宣传教育途径就是通过多种媒介(报纸、电视、网络等)对积极正确的体育价值观进行宣传,同时分析并批判错误的体育价值观。

大众传媒在现代社会中发挥着重要的作用,尤其是深刻影响了处于价值观形成期的青少年群体。部分新闻媒体为了追求眼球效应和经济效益,会选择一些庸俗不堪的内容做重点传播,刺激观众的感官,使受众尤其是青少年产生不健康的体育价值观念。对此,学校、家庭和社会要相互协作,共同努力,引导青少年树立正确价值观,鼓励青少年以科学方式参与体育运动,避免对成功、名利、地位等的过分追求。

在体育价值体系的落实方面,建设科学的体育价值体系是首要任务,这项任务不是某个专家或者某一领域的学者就可以独立完成的,需要在长期的体育价值实践中不断完善,所以,对体育价值体系进行构建的工作是"常做常新"的,需要体育理论研究者、体育实践工作者等有关人员的一致努力,我国坚持改革创新的时代精神在这个过程中也能够得到充分反映。

我国构建的体育价值体系是否与人民对真善美的追求相符,是否能够在实践中实现,直接决定了其能否被广大人民群众接受与认可,受世人认可的体育价值体系所产生的影响力不可估量,能够在提升体育文化软实力方面发挥巨大作用。

二、提升体育国际话语权

(一)体育话语权的概念及功能

1. 体育话语权的概念

一个国家为了对自己的体育权利进行维护所拥有的表达体育观点和意愿的权力、机会和途径就是体育话语权。在体育文化软实力中,体育话语权是非常重要的组成部分,争取机会将自己的意愿表达出来,并争取他人接受和认同自己的意愿,使人信服,可提高体育文化软实力。

在体育全球化背景下,世界上的体育组织越来越多,类型各异,如竞技体育组织、群众体育国际组织、体育学科学术组织等。一般来说,国际性体育组织机构的权威都很大,在世界体育发展中,这些组织机构发挥重要的决策作用,世界体育的发展方向主要由这些机构左右,不同体育项目的技术规范、标准及竞赛规则也是由这些国际性体育组织机构所决定的。所以各国都希望成为国际体育组织的成员国,在国际组织中占有一席之地,以便在国际体育大事上拥有一定的话语权,为本国体育事业的发展谋利益。

2. 体育话语权的功能

(1)传播功能。各国体育文化都是在本国特有文化的基础上产生、发展起来的。在全球化背景下,我国要在世界体育领域占有一席之地,发挥作用,就必须拥有话语权,即利用一切机会和采取有效手段进行体育文化的对外传播,让全世界对我国体育文化的了解不断加深,尤其是对我国体育文化的特点和优势应有基本的认识,从而主动接受具有东方特色的中国体育文化。

目前,西方国家在国际上拥有的体育话语权远远超过我国,它们在这方面做出了很大的努力,如发挥政治、经济、科技和媒体等的作用,通过各种体育单位及媒介对自己的体育文化进行广泛传播,从而牢牢掌握国际体育话语权,这反过来又有利于西方体育文化在全世界的进一步传播。正因为游戏规则和规则解释权都由西方国家掌握,所以西方体育文化全球垄断的局面才会形成。

可见,要想拥有话语权,自由发表本国观点并得到认可,就必须采用各种体育文化传播手段。掌握话语权后,要积极对我国的体育价值观、精神和理念进行宣传,将本国优秀的传统体育文化和体育发展成果展示给世人,从而得到大范围的认同接受。

(2)争取体育权利。体育具有竞争性,竞技体育领域的竞争尤为激烈。因此,我们总能在体育中看到各种利益冲突,而在冲突中维护自己的权利非常重要,拥有话语权是维权的基础条件,只有这样,才能以游戏规则为依据将自己的辩解和正当要求提出来,才能发起抗议或申诉。各国对自己在国际上的体育权利加以维护,首先就要明确自己应该享有哪些权利,可以通过哪些途径实现话语权,以及要达到维权目的的应该如何发出话语。国际体育竞赛场合中的语言文字是不同的,因此还要用外语把自己的意愿准确表达出来。

我国要在国际上争取体育权利,就要在国际体育交流活动、竞赛活动的各个环节积极参与工作,想方设法进入领导机构,并主动参加其他相关机构(新闻发布机构、宣传机构、仲裁机构等)的工作,这不仅可以对竞赛的各个环节有所了解,行使基本权力,获取可观的利益,而且当我们的权利被侵犯时,还可以通过话语权来申诉和抗争,维护自己的利益。

(3)为国家争取话语权。国家体育话语权是国家话语权的重要组成部分,在国家话语权中,体育发挥着重要的载体作用,国家话语的表达可采取体育这一重要途径来实现。有话语权和有实力的国家在发展本国体育事业时也比较顺利,具体表现在:①可以在竞技体育赛场上取得优异的成绩,通过运动员、教练员等运动主体传播本国的道德风尚及体育精神。②可以在各种国际体育交流活动与大型比赛中将本国的美好形象展示给世人。③可以在世界体育学术会议上发表独特的观点,展现创新研究成果,使各国对本国的体育科技水平有所了解。

许多国家都采用体育手段将自身的意愿和态度巧妙地表达出来,可见,在国家争取话语权方面,体育确实发挥了重要作用。

(4)行使国际体育决策权。国际体育组织都有属于自己的管理机构,在国际体育组织体系中,管理机构的主要职责是对体育运动的竞赛、交流活动进行组织和管理,对各种制度和规则进行制定,通过发挥引领作用推动体育运动的发展。事实上,在国际体育运动发展中,这些管理机构就是决策机构,各国的话语权力一定程度上取决于自身在这些机构中的地位。所以,进入这些领导机构并争取一定的权利位置是各个国家的追求。

进入国际体育组织中的领导层,争得较高的地位,就会有更多的机会参与决策,这对一个国家的发展来说是非常重要的,但这只是促进话语权目标顺利实现的基础与前提,代表国家参与决策的人员才是真正实现话语权目标的重要力量,这些人物的思想文化水平、交际协调能力等直接决定了话语权目标实现的效果。

(二)提升我国体育国际话语权提升的对策与建议

1.提高话语权意识

我国自改革开放以来就一直将经济建设看得很重,因此国民经济发展迅速,成果显著,但相比而言,文化建设的发展却严重滞后,而且我国对能够反映我国文化软实力的话语权也没有给予相应的关注与重视。因此,虽然我国体育硬实力的发展突飞猛进,但体育软实力却依然落后,我国在国际上的体育话语权与当前我国体育硬实力的发展水平不协调。而我国没有充分认识到话语权的重要性,话语权意识薄弱是导致这一问题的主要原因。

提升我国的体育国家软实力是一个漫长的过程,需要具备一定的硬实力,如果没有硬实力,那么我们就没有条件争夺话语权。现在,我国的体育硬实力明显提高,中国竞技体育跻身世界先进行列,我们有条件也有底气在国际体坛上发表自己的观点与意愿,所以必须将我国在国际上的体育话语权重视起来,采取实际行动对自己的体育国际话语权加以维护,从而提升话语权。

我国争取话语权的努力程度主要取决于我国的话语权意识,因此必须先树立并提高话语权意识,然后努力争夺话语权。我国争夺体育国际话语权的能力主要由体育工作者、体育参与者等体育人口决定,因此,除了体育政府官员要树立话语权意识,教练员、运动员及其他体育工作人员也要具备高度的话语权意识,只有形成共同意识与目标,才会共同为提升我国的体育国际话语权而付出努力。

2. 加强学习与研究

作为国际体育后来者的我国,没有足够的经验和科学的认识来把握体育国际话语权,这就导致我国在很长一段时间里都在国际组织外游离。我国对国际社会游戏规则并不是很了解,所以始终难以将话语权优势掌握在自己手中,这就制约了我国体育走向世界。因此,我们需要制定针对性策略来掌握话语权。

在掌握话语权方面,我们有必要深入了解国际体育的游戏规则,虚心学习西方国家的经验与方法,但也不能一味地采用这些方法,不能完全走别国争取话语权的路子,因为在这个过程中我们会遇到自己的问题。可以说,掌控话语权涉及的学问非常高深,需要我们充分发挥自己的聪明才智。

当前,我国必须深入研究体育国际话语权,对体育国际话语权的内在规律有一个正确的把握,对其内容、途径、技巧等进行深入探讨。为了保障这方面研究工作的顺利开展和有效落实,我国需从组织建立、制度规划等方面做出努力。

3. 争取体育国际话语权平台

各种类型的国际体育组织对世界体育最有发言权,所以挤进体育国际组织特别是体育国际组织中的重要机构是每个国家的共同追求,只有如此,本国的体育国际话语权才能得到提升。我国虽然是体育大国,但在国际体育组织中担任要职的人员比例却很小,这对于我国争取体育国际话语权是有影响的。

在国际体育组织中担任要职的人员专业水平和综合素质都很高,还有良好的外语表达能力、交际能力,他们凭借自身在国际上的地位与声誉为本国体育发展谋福利。我国缺乏长远眼光,不注重对这方面人才的培养与输送,目前我国达到这些条件的人才非常少。对此,我们应制订长远的人才培养计划,全方位培养与输送专业人才,抓住机遇在体育国际组织中占据一席之地。此外,对各个项目优秀裁判员的培养也非常重要,如果这些人才可以在国际体育赛事中担任裁判,将有利于我国国际体育话语平台的构建。

4. 建设体育国际话语权队伍

要提高体育国际话语权,首先需要建立一支实力雄厚的优秀话语权队伍。这支队伍由不同类型的体育人才组成,队伍的规模、结构及整体水平都要接近世界先进国家。

我们应分门别类地培养话语权队伍,然后争取向国际体育组织输送人才,使我国的各类相关人才都能在不同的国际体育组织中担任重要职务,改变我国体育在国际上的被动现状。体育国际话语权队伍中,对裁判员、体育传媒人才的培养至关重要。

(1)裁判员培养。目前,我国要特别重视对高水平国际裁判队伍的建设与培养,并努力争取机会使其在相应项目的国际比赛中担任裁判员,这样我国运动员在国际比赛中的合法权益才能得到保障。

(2)体育传媒人才培养。培养对体育、传媒都有深刻认识与见解的体育传媒队伍非常重要。当前我国社会急需体育传播人才,可通过在各大高校、体育院校设立体育新闻专业来培养这方面的人才。

需要注意的是,我国体育传媒队伍的专业水平整体较低,我国需进一步培训体育传媒业内人员,并加强对后备人才的选拔与培养,促进体育传媒队伍的不断壮大。此外,积极开展体育话语权的教育工作,提高体育工作者的话语权意识,对于提高与维护我国体育国际话语权同样具有重要作用。

5. 加强体育媒体建设

发挥媒体的传播功能,发挥传播媒体的作用可让受众感知、理解和接纳话语,有助于我国掌握体育话语权。体育媒体由体育与媒体两部分结合而成。我国体育媒体近年来发展迅猛,但与发达国家相比,传播能力与水平明显不足,这严重制约了我国体育国际话语权的提升。如果不及时弥补这块短板,后果将很严重。

现在,体育与新闻媒体之间形成了密切的联系,体育事件与媒体事件已成社会上的一个共同体现象,不可分开。随着信息技术的进步与发展,新的传播媒体不断出现,新闻媒体的传播时空也因此而不断拓展。而且新闻媒体在新技术的推动和网络的影响下日渐多元化,媒体之间已经失去了明确的界限。各媒体之间的联系越来越密切,它们在交流中碰撞、融合,从而促进了新传播媒体和平台的产生,促进了跨媒体联动、资源共享,传媒生存形态的融合趋势越来越鲜明。

为了更好地发挥新闻媒体在传播体育信息方面的功能与作用,体育部门应大力加强与媒体的互动与合作,推动传统媒体、新媒体的全面整合,形成更大更强的媒体系统,充分发挥这一系统的传播功能,从而有力提升我国的体育话语权。

三、大力发展体育文化产业

体育文化产业体系主要由两部分构成,即内生态系统与外生态系统。这两大系统中各要素之间相互影响,相互促进、相互补充,在这样的内外关系下,体育文化产业的发展得到了一定的保障。

大力发展体育文化产业,可不断提升我国的体育文化软实力,具体发展中可参考以下建议。

(一)解决资金问题

资金不足是制约我国体育文化产业发展的首要因素,因此,当前发展我国体育文化产业的首要任务就是解决资金问题。具体解决方法有以下几种:

(1)积极对体育文化产业发展的引导基金和风险投资基金进行设立。

(2)对财政支出结构进行调整,可安排一定数量的引导基金来加快发展体育文化产业。

(3)对体育产业税收政策进行调整,制定优惠税收政策,拓展新的经济增长点。

(4)注重体育产业的研发,在这方面加大投入力度。

(5)鼓励社会相关单位、个体兴办体育文化基金,扩大体育文化产业融资渠道。

(二)培养专业人才

体育文化产业的发展需要有大批优秀的人才参与其中,缺乏专业的人才是当前制约我国体育文化产业发展的主要因素,再加上我国体育文化产业的发展目前还处于前期阶段,对人才的需要很大,这就进一步加剧了矛盾,制约了体育文化产业的发展。

体育产业经营管理人才在我国尤为缺乏。因此,必须加强对体育产业经营管理人才、体育产业复合型人才、科技创新人才的培养,积极与国际体育文化产业接轨,促进跨越式发展目标的顺利实现。

在人才培养方面,应尽可能发挥高校、社会组织、企业等社会力量的作用,构建联动机制,加强这些培养单位的整合,合力对新型产业人才进行培养。此外,还要积极引进外来体育人才,尤其是体育经纪人、职业经理人等我国比较紧缺但又迫切需要的特殊人才。

（三）建设体育文化服务体系

一般可从以下几个方面实施体育文化服务体系的建设。

（1）发展体育文化产业需要坚持正确的发展方向,主要表现为坚持以民为本、坚持将社会效益放在首位、体现当代先进性文化、坚持文化自觉与创新。

（2）积极建设公共体育文化基础设施,不断促进体育公共文化服务投入结构的完善,在体育公共文化服务方面增加资金投入,提供基础保障。

（3）设立体育文化服务体系的投入机制、引导机制,在市场经济条件下充分发挥市场的调节作用,使一定比例的社会资金流向体育公共文化服务领域。

（4）将各种通信设备充分利用起来,大力宣传体育文化消费,从而对市民的体育文化消费意识与行为进行引导,使大众在体育文化消费领域表现得积极主动。

第四章 体育强国实现路径之
竞技体育的发展

建设体育强国,发展竞技体育是最重要的途径。在当前全球化发展背景下,一个国家、地区和民族的竞技体育发展水平,是衡量该国家、地区和民族是否强大的重要指标之一。现阶段,我国要建设体育强国,体现我国体育在世界体育发展中的重要实力,就必须顺应时代发展潮流,必须重视我国竞技体育的发展,如此才能在世界体育较量的各种舞台上表现出实力、掌握话语权。本章主要围绕我国体育强国战略下的我国竞技体育的发展进行系统深入研究,在阐释竞技体育基本理论的基础上,就我国竞技体育的科学化发展策略,以及在奥林匹克体育运动中的积极参与、表现、发展进行分析与研究,为新时期我国竞技体育的进一步发展提供参考,进一步促进我国体育强国的早日实现。

第一节 竞技体育基本理论

一、竞技体育相关概念

(一)竞技体育

竞技体育历史悠久,但是关于竞技体育的概念研究却是在 20 世纪才开始的。经过不断的发展,竞技体育自身不断演变发展,专家和学者们对竞技体育的认知也在不断发生变化,竞技体育概念界定也在不断完善。

在我国,关于"竞技体育"概念的最早研究与界定是在 20 世纪 70 年代末,许多专家和学者都对"竞技体育"的概念界定表达了自己的看法,总结来看,我国学者关于竞技体育概念研究的代表性概念阐述以谷世权、过家兴为代表。

学者谷世权、过家兴指出体育包括大众体育和竞技体育,竞技体育是"研究运动训练科学性,探索运动训练规律,夺取比赛优胜的一个体育分支",是"在全面、最大限度发挥人的潜力基础上,创造最佳运动成绩的运动活动过程"。

近年来,随着我国对竞技体育研究的深入,一些学者对竞技体育的概念提出了新的看法。

(1)卢元镇认为,竞技体育是"体育运动的重要组成部分,是体育文化发展的最高层次"(《体育社会学》,2006 年)。

(2)田麦久指出,竞技体育是"以体育竞赛为主要特征,以创造优异运动成绩,夺取比赛优胜为目标的社会体育活动"(《运动训练学》,2012 年)。

综上可知,从狭义角度来理解,竞技体育是一种竞争性的体育活动,以比赛为主要形式,追求运动成绩的自我超越和超越他人。从广义角度来理解,竞技体育不仅是体育运动,而且具有较高的文化内涵,与社会发展关系密切。

(二)竞技体育文化

当前,随着对竞技体育文化研究的深入,竞技体育文化也被新时代赋予了更多、更丰富的含义。针对竞技体育文化概念的界定学术界也在力求进一步完善,因此,至今尚未有一个关于竞技体育文化概念描述的统一认识。

对竞技体育文化的概念认知,众多学者都有自己的观点和思想。我国体育学者及其关于竞技体育文化的理解参考表 4-1。

表 4-1　我国学者对竞技体育文化的概念研究与解析

学者	竞技体育文化概念解析
白晋湘	(西方)竞技体育文化始终向着竞技性、惊险性、公开性、健美性、趣味性等方向发展,关注人的全面发展同时又具有暴力内容,和我国传统文化相比,忽视人竞争中的道德教育①
曾志刚,彭勇	竞技体育文化是一种既具有民族精神,又具有人本思想的体育文化②
李秀	西方竞技体育旨在通过竞技选拔优秀体育人才,是对人体形体、形态、运动能力的极致追求
邱江涛,熊焰	竞技体育是一种具有多样性、互动性、规则性、渐进性、选择性、功利性的体育文化
张恳,李龙	竞技体育追求身心和谐,注重素质、技能较量,是一种充满活力的、积极向上的体育文化③

二、竞技体育及其文化特征

（一）规则性特征

规则性是竞技体育的最基本的特征,任何竞技体育运动项目的开展必须建立在一定的规则基础之上,否则就不能构成体育活动。

竞技体育及其文化的规则性体现在多个方面,具体分析如下：

1. 以规则约束比赛环境

竞技体育需要在一个公平、公正、公开的环境中有序进行,一

---

① 白晋湘.论中国民族传统体育文化与西方竞技体育文化的冲突与互补[J].北京体育大学学报,2003(5).

② 曾志刚,彭勇.竞技体育文化的几点内涵探析[J].井冈山学院学报(自然科学版),2006(2).

③ 张恳,李龙.我国现代竞技体育文化的特征[J].体育学刊,2010(8).

场比赛的胜负就能最大限度地决定利益的归属,更能将人们心底深处的竞争欲望通过运动的形式表现和宣泄出来,竞技体育的规则性有效地保证了竞争的有序和公平。

2. 以规则约束运动员的行为

在竞技体育运动比赛中,规则对竞赛双方的运动员的行为具有制约作用,任何人参与竞技体育活动,都必须遵守竞技体育活动的既定规则,在参加竞技体育运动之前,必须要充分了解竞技体育比赛的规则,在规则范围内进行活动,受竞技体育运动规则的制约,否则就不能参加该项活动。比赛过程中,运动员的行为需要受各种规则的限制和制约,如果超出规则的限制,就必然会受到相应的惩罚。

3. 以规则彰显竞技体育文化

从本质上来讲,竞技体育文化是一种以物对人的制约,也是主体之间的相互制约的文化,竞技体育的规则就是一种自我约束机制的产物,是体育文化内部多种形态的基础。制定强制性的竞赛规则,使得通过竞技竞赛演变出来的竞技体育文化也带有非常显著的规则性特征。

(二)功利性特征

竞技体育的竞技本质决定了其功利性特征。竞技体育的功利性特征主要表现在活动主体(包括个人和组织)在获得胜利后所获得的利益和心理体验方面,以及竞技体育文化项目本身的实现价值利益选择上。

竞技体育的参与者包括各种主体他们参与到竞技体育中,有着不同的参与需求,表现在对金钱、名誉、身份、心理认同等的满足方面,具体分析如下:

1. 运动员和教练员的功利需求

运动员和教练员是竞技体育文化活动最主要的参与者,他们参与相应的竞技体育运动,主要是为了实现自身的竞技体育价值,竞技体育是运动员教练员积极参与、表现自我、实现体育价值的重要平台。

在竞技体育中,运动员及其教练员所获得的社会认可、名誉与经济利益等都是竞技体育文化功利性的直接体现。

2. 观众竞技体育参与的功利需求

对竞技体育比赛的普通观众来说,观赏体育运动赛事的美,从中获得愉悦的心理体验,高水平、高质量的体育赛事对他们来说非常重要,这能使人们获得愉悦的心理体验,起到重要的宣泄情感的作用。

政府官员或赛事组织者参与体育运动,则能从中谋取利益,获得政治、经济价值,二者的功利收益不同。

3. 竞技体育赛事主办方的功利需求

对竞技体育组织和经营管理者来说,体育活动只是他们的一个工具或产品,赛事举办更像是一种商品经营,通过举办竞技体育运动赛事,旨在扩大赛事影响,获得赛事在经济、社会等多方面的收益。

4. 竞技体育赛事赞助商的功利需求

对竞技体育竞赛赞助商来说,通过赞助赛事,旨在提高本企业的知名度、美誉度,以进一步扩大市场,增强市场竞争优势,获得更多的盈利。

(三)多样性特征

竞技体育文化的多样性特征表现在以下两个方面:

1. 参与主体的多样性

在竞技体育活动的举办和开展过程中,许多参与主体的积极参与,如教练员、运动员、运动队管理人员等,不同的参与者扮演着不同的角色,通过各种角色的通力合作,整个竞技体育活动才能顺利开展和进行。

教练员、运动员、赛事组织管理人员、志愿者、服务商等,他们共同确保了整个竞技体育文化活动内容的开展和落实。

2. 体育内容的多样性

当前,竞技体育文化内容的丰富性与多样性主要表现在竞技体育项目多样、比赛种类和形式多样等方面。竞技体育文化内容丰富、形式多样,观众可以自愿选择自己喜欢的比赛直接或间接地参与其中。

简单举例来说,竞技体育运动项目众多,赛事多样(如田径比赛、篮球赛、足球赛、跳水比赛等);竞技体育同一个体育运动的不同类型、级别、范围内的赛事(如锦标赛、世界杯、洲际比赛、大师赛、奥运会等)也给予了不同参与者多种参与选择。

(四)选择性特征

竞技体育文化的选择性,主要是指竞技体育文化参与主体对竞技体育文化活动内容的选择。

1. 不同主体对竞技体育内容的不同选择

不同的竞技文化参与主体之间存在着诸多差异,他们结合自身的年龄、性别、兴趣爱好、社会阶层、经济基础、文化背景、发展需要等,从事不同的竞技体育文化活动。

2. 相同主体的不同竞技体育内容选择

相同的竞技体育文化参与主体,他们对竞技文化内容的选择也不同。以运动员为例,对不同竞技体育运动项目有不同选择,如乔丹既是篮球高手,又是棒、垒球高手。

3.相同竞技体育内容选择的不同目的

一些人,虽然参与同一种竞技体育文化活动内容,选择了同一个活动内容,但在参与目的方面有着本质的区别,选择的活动方式也存在着明显的差异。有些人是热爱竞技体育,有些人则希望通过参与竞技体育获得肯定和切实的收益。

(五)互动性特征

竞技体育文化的互动性表现在人与人、人与自然、人与社会(包括社会诸要素)的互动方面。体育文化不是在短时间内就可以形成的,它是在人与自然,人与人长期的发展中逐渐沉淀而成的,在竞技体育的发展过程中,竞技体育及其文化与自然、人、社会不断发生互动,最终形成了当前的竞技体育及其文化。

1.竞技体育与自然的互动

竞技体育与大自然的互动表现在两个方面:一方面是竞技体育竞赛对环境的影响;另一方面是大自然为竞技体育提供的一定条件,如冰雪资源,阳光、沙滩、海浪等。

以体育竞赛,对自然环境的影响为例,所带来的环境问题是多方面的。

(1)体育竞赛场所新修的公路、停车场、酒店等,需要占用大量土地,并可能在施工过程中对自然环境的污染和破坏。

(2)体育竞赛场所使用清洁剂、杀虫剂对土壤和水的污染。

(3)体育竞赛场所使用电力和燃料而增加温室气体,对臭氧层的破坏(大量使用制冷设备)。

(4)竞赛期间,大量人员聚集,突然增多的汽车燃烧汽油造成的大气污染、噪声等问题。随着人群的增加,汽车尾气污染、大气污染、噪声污染等。

(5)竞赛过程中,会产生许多生活垃圾,如果处理不当,会对自然环境造成巨大的破坏。

2. 竞技体育与人的互动

在竞技体育活动中主体多样,包括运动员、观众、运动协会和球迷协会等,而他们之间的互动则直接体现出竞技体育的互动性特征。竞技体育文化活动的开展过程中,会受到诸多要素的影响,而使得在运动员、观众等开展互动活动的过程中,常会出现一定的问题或冲突,这是不可避免的现象。活动过程中问题的出现和解决促进了体育文化活动的不断发展与完善。如竞技体育运动规则的日益完善、竞技体育活动组织的日趋合理等。

3. 竞技体育与社会的互动

竞技体育作为一种社会文化形态,其与社会诸要素(经济、政治、文化、科技等)之间具有非常密切的关系。在竞技体育及其文化的发展过程中,受到了政治、经济、文化、科技等诸多要素的影响,同时也对这些社会构成要素产生制约或促进作用。竞技体育与社会诸要素的相互影响就是二者的互动。

(六)渐进性特征

西方竞技体育从古希腊文明发展而来,至今,经历了漫长的发展过程,经历了诸多变化,受历史、人为等各方面因素的影响,竞技体育文化的内涵日益丰富。

1. 活动主体自身身心发展

竞技体育活动参与可促进参与者的文化素养、体育素养、心理素养等的不断发展和提高,进而使得参与主体对竞技体育活动的理解、认识更加深刻,活动内容和活动方式会随着发生一些改变。

2. 不同活动主体层次形成

受个人能力、经济条件等多种因素的影响,竞技体育文化参与主体在参与竞技体育文化活动的过程中,会从一个层次的发展需要跨入到另一个层次的发展需要,如从最开始的兴趣爱好到成为专业的竞技体育运动员。

（七）同质化特征

现阶段,竞技体育呈现出全球一体化发展态势,多元化的传统竞技体育项目逐渐被现代竞技体育项目代替,在"地球村"中,各个国家、地区、民族的体育运动被迅速纳入到世界体育文明进程中,西方竞技体育的同质化程度进一步提高[①]。

随着现代竞技体育与经济、科技、政治、休闲娱乐等方面的快速结合重构,许多传统的依附于宗教、战争、节庆娱乐等的竞技体育原有依附载体解构,竞技体育在运动形态方面实现了快速的世界性同质化,"民族化、地域化的前工业化社会活动特色"被世界性的同质化所代替[②]。

三、竞技体育典型——奥林匹克

奥林匹克是以竞技体育文化为核心的体育文化形态,奥林匹克体育是竞技体育文化的典型文化形态,它以竞技体育为文化载体,以西方竞技体育文化为主导,充分体现了竞技体育文化的积极向上特征。

一方面,西方竞技体育文化对奥林匹克运动的思想体系、组织形式、竞赛内容都产生了重要的影响,在此基础上,表现出多元文化特征。

另一方面,奥林匹克文化是包含西方文化中的优良结晶,属于众多文化形态以及精神文明中的一种,它符合社会发展走向以及广大群众实际追求,在社会发展历程中有主动指导价值,是一种世界先进文化。

---

① 刘为坤,缪佳,鲁梦梦.论西方竞技体育文化形态之嬗变[J].沈阳体育学院学报,2018(4).

② 谭华.体育史[M].北京:高等教育出版社,2009.

第二节　当前我国竞技体育发展情况分析

一、我国竞技体育项目发展分析

（一）田径运动

进入 21 世纪以来,我国田径运动竞技水平稳步发展,不断提升。

2004 年雅典奥运会上,邢慧娜获女子 10 000 米金牌;刘翔获男子 110 米栏冠军。2006 年 7 月 12 日,刘翔在瑞士洛桑田径超级大奖赛男子 110 米栏的比赛中,创造 12.88 秒的世界纪录。2006 年 9 月 9 日,刘翔在国际田联世界田径总决赛 110 米栏决赛中,以 12.93 秒的成绩夺得冠军,并打破赛会纪录。刘翔是我国田径运动的里程碑式人物。

2012 年伦敦奥运会田径项目上,我国共获得 1 金 4 铜,全部 5 枚奖牌中,李艳凤获女子铁饼比赛铜牌,竞走项目收获 1 金 3 铜,陈定夺得男子 20 公里冠军,实现了中国竞走在男子项目上奖牌零的突破。

2015 年北京田径世锦赛上,苏炳添在男子 100 米半决赛上以 9.99 秒打破全国纪录,成为该项目决赛历史上亚洲第一人。女子 20 公里竞走比赛中,中国选手刘虹以 1 小时 27 分 45 秒的成绩夺得冠军。男子 4×100 米决赛中,中国队以 38.01 秒的成绩摘银,创造亚洲历史。

2016 年国际田联室内世锦赛中,中国队凭借董斌获男子三级跳远冠军,黄常洲获男子跳远第三名,以 1 金 1 铜位列奖牌榜第 9 位。

2018 年 6 月 20 日,法国蒙特勒伊田径赛上,谢震业夺得男子 100 米冠军,成绩是 9.97 秒,刷新黄种人纪录,也是全国新纪录!

（二）体操运动

体操是我国传统竞技体育运动强项，2005 年，中国女子体操运动员程菲摘得体操世锦赛女子跳马桂冠。填补了中国女子体操单项世界冠军的最后一个空白，她完成的动作被命名为"程菲跳"。2008 年北京奥运会上，中国体操队共夺得 9 枚金牌，成为本届奥运会夺金最多的项目。

近年来，我国竞技体操运动面临着比较严峻的后备人才不足问题。2016 年里约奥运会中，中国体操队遭遇"雅典滑铁卢"，队员年轻、比赛经验不足是主要原因，相信通过不断积累比赛经验，这些年轻运动员一定会在 2020 年奥运会中有出色表现。

（三）球类运动

以三大球（篮球、排球、足球）和三小球（网球、羽毛球、乒乓球）为例，对我国竞技球类运动的发展现状具体分析如下：

1. 篮球

目前，我国篮球是亚洲篮球的最高水平。但是，在全世界范围内，我国篮球运动水平还有待进一步提高。

2016 年里约奥运会中，我国男篮 5 战皆负，暴露了我国篮球发展的问题，我国竞技篮球发展改革势在必行。2016 年 11 月 22 日，中篮联体育有限公司正式成立，标志着 CBA 联赛改革的开始。

2017 年，中国篮球处在改革的全新起点，中国男篮国家队"一分为二"，更多的年轻球员拥有了进入国家队的机遇，随着 CBA 联赛公司的正式入主，中国篮球运动开始了真正意义上的"管办分离"。

2018 年，中国篮球在改革中不断前行，2019 年 8 月，篮球世界杯将第一次在中国举办，届时，中国男篮红蓝队将合二为一，男篮国家队改革成效如何，将很快得到验证，期待我国篮球队有良好比赛成绩。

2. 足球

1994 年,我国足球走上了职业化发展的道路,但足球职业联赛水平始终平平。

进入 21 世纪,我国致力于足球运动改革,2011 年,时任国家副主席的习近平对中国足球提出三个愿望:进入世界杯、举办世界杯,获得世界杯冠军。2015 年 3 月,我国发布中国足球改革与发展的纲领性文件——《中国足球改革发展总体方案》,指明了中国足球未来发展的方向和道路。

2016 年,《中国足球中长期发展规划(2016—2050 年)》发布,中国足球改革有了更详细的规划发展。

2016 年 10 月 22 日,马尔切洛·里皮就任中国国家男子足球队主教练,中国足球运动发展的决心高下立见。

2017 年 3 月 23 日,2018 年俄罗斯世界杯预选赛亚洲区 12 强赛第六轮,男足 1∶0 战胜韩国队,打出了新的水平,但最终仍无缘 2018 年的俄罗斯世界杯。

3. 排球

我国女子排球是一支传统劲旅,男子排球也曾一度接近世界一流水平,现在世界排球运动发展迅猛,我国排球运动还需要继续努力,才能保持领先。

2008 北京奥运会上,中国男排史无前例地获得了第 5 名,取得了重大突破。2010 年,他们获得了广州亚运会第五名,亚洲杯亚军;2011 年,获得了男排亚锦赛亚军。

2001 年重组后的中国女排的精神面貌为之一新,在世界大冠军杯上获得冠军。2003 年,中国女排在世界杯赛上夺回了失去 17 年的世界冠军称号,并于 2004 年雅典奥运会上再次夺得奥运会金牌。

2012 年奥运会上,中国女排夺得第五名。2013 年,郎平再次执教中国女排,中国排球运动的水平逐步提升。

2016年,里约奥运会排球比赛中,中国女排夺得冠军,新一代排球运动员正在崛起。

4. 网球

21世纪以来,我国网球运动发展迅速,女子网球可圈可点。

2004年雅典奥运会中,女子双打组合李婷/孙甜甜获得冠军。

2011年6月,李娜夺得法国网球公开赛大满贯,此后,又在2014年的澳网公开赛上拿下大满贯冠军,创造了亚洲女子网坛独一无二的成绩。

2016年WTA天津公开赛,彭帅获WTA单打首冠。2016年澳网比赛,张帅职业生涯中首次闯入大满贯八强,成为新的"亚洲一姐"。

2016年奥运会网球比赛中,中国金花全部出局,运动员年龄较大、负伤较多成为不争的事实,面对我国网球发展,急需发掘和培养一批优秀的网球新人。

5. 羽毛球

我国羽毛球运动竞技水平一直不错。2000年悉尼奥运会中中国包揽了除了男双金牌以外的其余4项比赛的金牌。在女双的比赛中更是历史性地包揽了金、银、铜牌,创造了奥运会羽毛球比赛的一个前无古人的历史。

2004年,中国女队实现尤伯杯四连冠,中国男队重夺汤姆斯杯;在雅典奥运会上中国羽毛球队获得了3金、1银、1铜的不俗成绩。

2008年北京奥运会上,蔡赟/傅海峰的银牌创造了历史。之后,在2010年巴黎世锦赛、2011年伦敦世锦赛和2012年伦敦奥运会上,中国羽毛球队包揽了全部冠军。

2016年5月21日,中国队实现尤杯三连冠,历史上第14次夺取尤伯杯。2016里约奥运会上,谌龙夺得羽毛球男子单打冠军,傅海峰/张楠获男双冠军。

整体来看,我国羽毛球竞技水平仍保持着优势,但也面临着后备人才不足的发展困境。

6. 乒乓球

乒乓球是我国的"国球"。在 2001 年第 46 届世乒赛上,中国乒乓球队第三次包揽全部 7 项冠军,此后,中国乒乓球队始终站在世界乒坛的最高峰。2016 年里约奥运会中,中国乒乓球队第五次包揽金牌,再次展示了乒乓球的世界霸主地位。

(四)其他运动项目

在竞技体育的举重竞技大项中,我国举重的成绩十分突出,2016 年里约奥运会,中国举重队共获 5 枚金牌和两枚银牌。

柔道和跆拳道等项目上,我国运动员近年来表现出色,2016 年里约奥运会上,郑姝音获女子跆拳道 67 公斤以上级决赛冠军;赵帅摘得男子 58 公斤以下级的金牌,实现了中国男子跆拳道金牌"零"的突破。

游泳方面,我国游泳队正在崛起,以孙杨、叶诗文、宁泽涛、罗雪娟等为代表的游泳运动员在各大游泳比赛中有非常好的表现。2016 年里约奥运会中,中国游泳队共摘得一金二银三铜,许多未获奖的运动员也在很多项目上取得了重要的突破。

跳水方面,我国跳水水平长期居于世界前列,2016 年的里约奥运会中获得 7 金 2 银 1 铜的好成绩。

整体来看,我国竞技体育运动发展中,体操、跳水、举重、射击、乒乓球、羽毛球、柔道等为传统优势运动项目;集体球类项目运动水平普遍较低,如足球、篮球、男子排球、手球项目、男子曲棍球、棒球、垒球、水球等,综合实力有待进一步提高。

此外,对于奥运会项目,尤其是被设定为重点发展的奥运会项目,国家支持和发展力度大,表现出了强盛的生命力;对于非奥运会项目,投入力度有限,发展面临多方面因素的挑战。

二、我国竞技体育体制发展情况分析

长期以来,我国竞技体育一直是"举国体制",这种体制产生于社会主义计划经济条件下,对于我国竞技体育的高速发展发挥了重要作用。随着我国社会主义市场经济体制确立和完善,竞技体育的"举国体制"表现出了各种不适应,举国体制与社会市场经济之间的矛盾不断增多,我国竞技体育体制面临改革。

这里重点对我国当前竞技体育体制面临的一些问题进行分析。

(一)竞技体育体制结构改革难度大

"举国体制"是计划经济体制下产生的管理模式,该模式中,政府运用计划手段对资源进行合理配置,对竞技体育发展进行行政管理,能集中所有的有利资源发展竞技体育,并收到了良好的效果。例如,为备战 2008 年奥运会,国家体育总局坚持"有所为,有所不为"的基本思路,保持重点项目优势,在北京奥运会中获得 51 枚金牌,100 枚奖牌,占据了奥运金牌榜的第一位,中国传统优势项目获得金牌数占中国代表团金牌总数的 80%,2012 年获得境外参赛的最好成绩。这充分表现出国家对竞技体育发展实施行政管理的优势所在。

当前,社会主义市场经济条件下,竞技体育的举国体制表现出与市场经济的不融合。当前,在"举国体制"下的竞技体育发展模式需要经受经济体制变化带来的消极作用。具体来说,市场经济是在权力和权利的对立中,政府需要向社会放权,同时,在利益多元化的情况下,市场主体有更多的选择性和独立性,在这样的情况下,国家直接运营体育面临多重困难,资源供给途径单一,规模效率相对较低。

市场经济下的竞技体育"举国体制"发展还表现出来的一个突出问题在于,虽然我国奥运战略的实施时间相对较长,在发展上实现了部分突破和领先,但是"马太效应"也随之而来,占据优势的竞技体育项目潜力被挖掘殆尽,达到饱和状态,与此同时,处于弱势的竞技体育项目持续下滑。

此外,市场经济条件下,新兴起的职业体育和非职业体育之间的矛盾日益尖锐,无法实现相互配合,相互协调,职业体育作为竞技体育的重要发展途径,在竞技人才培养方面发挥着积极作用,但是在体育资源上不占优势。拥有大量体育资源的行政体育管理人才培养缺乏后劲。

(二)利益矛盾突出,资源分配不均

我国市场经济逐渐确立之后,广大群众的主体意识和利益意识不断被激发,中央和地方,体育系统和非体育系统,行政部门、事业单位、团体、个人之间利益和矛盾冲突不断增加;竞技体育项目设置"大而全"、"小而全"问题突出;人才私下流动,顺序混乱,违背体育精神,严重影响了国家竞技人才的选拔和培养。

此外,我国竞技体育人员塔基过宽、塔身过大,人员结构塔型不协调,投入和产出严重失衡,资源浪费严重,淘汰率不断增高,成才率不断下降,效率和效益二者并不协调。

(三)退役运动员难以重新融入社会

计划经济制度下,运动员愿意不间断地参与训练,持续向不断增加的运动负荷与身体极限发起挑战,承担着或轻或重(甚至影响终身)的运动伤病,通过牺牲身体健康,来为祖国争光。退役运动员的就业由国家统一安排、统一分配,该矛盾负面影响的尖锐性相对较小。

当前,退役运动员安置是一项现实性和严峻性异常突出的问题。所有人均会针对自身情况,来对自身未来进行全面考虑。在市场经济条件下,我国劳动人事制度不断变革,计划分配途径遭遇严重影响,退役运动员的安置情况日趋恶化,安置退役运动员的时间不断延长。部分退役运动员尽管被安置,但不久后就会处于下岗状态或者失业状态,很难实现有效安置。

现阶段,很多为国家争取过荣誉的运动员,退役后生活惨淡,这就导致了竞技体育的重要人才流向问题。基于对未来的发展考虑,面对当前确实存在的国家不能妥善安置好退役运动员工作的问题,愿意孩子从事竞技体育的家长将会越来越少,竞技体育也将面临严重的后备人才选材和储备不足的问题。

三、我国竞技体育人才发展情况分析

(一)竞技后备人才少

当前,我国社会经济发展迅速,人们有更多的机会获得生产和发展,而竞技体育的训练与成才是一个长期、艰苦、成材率低的过程。我国竞技体育始终处在投入高、产出低、淘汰率高的粗放型发展模式中,这就使得越来越多的人不愿意投身于竞技体育事业,参与运动训练的人才分流现象普遍。

调查表明,我国很多家庭不想让孩子从事运动训练,这一情况使得我国竞技体育后备人才出现了严重的人才短缺问题。研究表明,成才率低、使用药物、影响文化课学习、无法保证孩子今后出路,是很多家庭不想让孩子参与运动训练的重要原因。后备人才少是我国现阶段竞技体育发展面临的一个重要问题。

(二)人才体质水平不高

近年来,历次全国青少年体育健康调查结果显示,受多种因素的影响,我国青少年体质水平不断下降。

青少年学生群体中,各项身体素质的指标持续下滑,与此同时,超重、肥胖、视力不良检出率却在不断上升,这对现代竞技体育选材产生了很大影响,已经发展成影响竞技体育稳步健康发展的重要因素。

(三)体校缩减,成才率低

经调查,近些年来,我国各种类型体校不断减少,业余训练实际效果不断下降。另外,在金牌与竞赛成绩两方面因素的影响下,部分行政部门与管理机构出现了仅追求短时间成绩,在培养青少年后备人才方面投入精力与资金过少,所报年龄虚假,利用大打小或一味追求经济效益,严重损害了青少年运动员的身心健康,并灌输了不良的竞争意识和体育价值观。

此外,在培养竞技体育后备人才方面,还有一些突出问题,如认识问题的观念、训练思想有待进步,业余体校数量锐减,人才训练机制有待健全,各项教育结构急需改革,教练员素质水平有待提高等。这些都是影响我国竞技体育人才选拔、培养、成才的重要因素。

四、我国竞技体育与其他体育形态的协同发展分析

(一)竞技体育与群众体育

我国体育事业的根本宗旨是坚持群众体育和竞技体育的协调发展。《中华人民共和国体育法》中明确规定,积极举行全民健身活动应始终作为体育工作的重要基础。1995 年 6 月颁发的《全民健身计划纲要》与 1995 年 7 月颁发的《奥运争光计划纲要》,和这两个"计划"相对应的是群众体育与竞技体育。

群众体育和竞技体育之间关系密切,具体表现如下:

一方面,群众体育能为发展竞技体育提供有利的社会文化环境,而且还能为发展竞技体育提供很多爱好者、各类人才;群众体育脱离竞技体育会丧失先导与特色。

另一方面,竞技体育能为发展群众体育提供成功经验、群众注意力、探究科学方法、技术性指导以及技术性服务等;竞技体育脱离群众体育会丧失基础与支柱。

建设体育强国,增强国民体质,要同时发展群众体育和竞技体育,二者缺一不可。

目前,我国提出要建立"体育强国",大力发展群众体育,同时,竞技体育的发展也没有放松,针对体育事业选择重点方面,群众体育重点应当确定为青少年体育,重点提升国民素质,积极举

办群众体育活动;竞技体育重要目标应当确定为奥运会,同时对积极举办百姓喜爱的运动项目予以高度重视,合理安排具体内容,实现竞技体育的有序发展。群众体育和竞技体育二者都呈现出良好的发展态势。

（二）竞技体育与学校体育

体育强国是我国实现民族振兴与发展的一个重要战略需求,而竞技体育的发展根本还是在于体育人才的发展。只有建立长效的人才培养机制,才能保证我国竞技体育的长期可持续发展。而发展学校体育是我国竞技体育可持续发展过程中一个非常重要的方面。

现阶段,重视和促进学校体育的发展,不仅能够增加体育人口,而且能够提高青少年的体质水平,从而为我国竞技体育的发展提供后备人才资源。学校体育教育发展是我国体育运动事业和竞技体育发展的一个重要和有效途径。

竞技体育需要学校体育发展的人才支持,竞技体育发展也能激发全民体育热情,激发学校学生群体的体育参与热情,进而促进学校体育发展,竞技体育与学校体育二者相互促进。

第三节　我国竞技体育发展的策略

一、关注竞技体育后备人才发展

（一）关注青少年健康

2008 年北京奥运会后,后奥运时代到来,在我国竞技体育发展过程中,体育管理者逐渐认识到,当前我国竞技体育后备人才培养的主要问题,是应试教育环境下青少年体质的整体下降与竞技体育对后备人才身体素质的要求不断提高的矛盾突出的问题[①]。因此,

---

① 阳艺武,吕万刚,郑伟涛.我国竞技体育后备人才培养现状与发展评价[J].上海体育学院学报,2015(3).

必须重视我国青少年的健康发展,不断提高我国青少年群体的体质健康水平,以为我国体育后备人才奠定坚实的人才基础。

2010年,国家体育总局成立青少年体育司,此后,关于青少年的健康问题逐渐得到重视并改善,我国青少年公共体育服务体系不断改革和完善,青少年健康水平不断提高,这为竞技后备人才的体制机制创新提供了动力。

(二)加强学校体育教育

正如前面所提到的,学校体育与竞技体育二者之间具有非常密切的关系,竞技体育后备人才的培养与学校体育教育的发展是离不开的,发展学校体育教育可为我国竞技体育后备人才输送人才。当前,加强学校体育教育以推动我国竞技体育发展,必须完成以下教育目标:

(1)构建一个与我国社会主义市场经济体制相适应、具有中国特色的学校体育人才培养体系。

(2)建立完备的、高效的学校体育管理体制和运行机制。

(3)学校体育人口明显增加,培养并输送一批批具有一定水平的各类体育人才。

二、转变竞技体育发展理念

(一)学会"享受体育"

我国应大力发展竞技体育,但也必须认识到,竞技体育不能单单只是为了争夺最好的成绩而存在,体育发展不仅仅是争夺金牌。

在竞技体育比赛中,有成功就有失败,但是不论成功还是失败,参与者都能获得不同的感受。对于运动员来讲,在比赛中,运动员都在比赛过程中获得了极为宝贵的经历,享受到了自己所独有的快乐。对于教练员来讲,教练员在指导运动员的同时,也能享受到竞技体育给自己带来的价值和愉悦的感受。对于观众(球迷)

来讲,自己喜欢的运动员(队)获胜固然令人欣喜,但是即便是失利,运动员在比赛中顽强拼搏的体育精神同样值得称赞和学习。

总之,对于竞技体育体系中的各类人员来说,必须端正体育价值观,学会在"享受体育"的基础上发展体育。

(二)坚持"人文体育"

竞技体育的"人文体育"理念是伴随着现代社会的发展而出现的,它是体育运动在促进社会主义现代化健身和和谐社会建设方面提出了新的发展思路和方法,是竞技体育在现代社会发展中非常重要的价值观。

现阶段,发展竞技体育,要坚持"人文体育"发展理念,以顺应现代社会的发展规律,在竞技体育中,"人文体育"理念主要表现在"人的全面发展是一个提高生存机会的过程,总体来说,健康、长寿、接受良好的教育和生活幸福是人类发展的基本标志"。任何以单纯追求竞技比赛金牌的获得数量而忽视运动员健康、虚报年龄、比赛中以大打小和投机倒把,以及有违比赛公平的现象都应该避免发生。

(三)倡导"绿色发展"

环保的根本目的是促进人类社会的可持续发展,人与自然的和谐,是指在人类社会的发展过程中既要关注人类,又要关注自然。竞技体育的可持续性发展既离不开对自然环境的利用,也离不开对自然环境的保护,二者必须协调统一[①]。

"绿色奥运"最初是为了促进奥运会的科学发展而提出的,具体是指奥运会以及奥林匹克运动的开展应以不破坏自然环境为目的,注重资源保护与新能源利用。

竞技体育的发展致力于人类社会的健康、和平、友谊和进步。二者的根本利益是一致的。因此将环保纳入竞技体育发展中来。

---

① 李龙,陈中林.现代竞技体育文化的和谐内涵[J].体育学刊,2007(3).

三、落实竞技体育科学化发展策略

（一）处理好竞技体育的多边关系

现阶段,必须摆正竞技体育事业在国家经济与社会发展中的地位,处理好竞技体育与体育事业之间的关系,以及竞技体育事业内部各要素之间的关系,以实现竞技体育的协调、全面、可持续发展。

具体来说,竞技体育多种关系的正确处理应做好以下工作:

（1）在竞技体育发展中,要促进体育事业与经济建设、政治建设、精神文明建设等的协调发展。

（2）在发展竞技体育文化的过程中还要注重大众体育、学校体育和社区体育的共同发展。

（3）采取有效措施加强人们对竞技体育文化的认识,对我国竞技体育运动的发展起到全方位的促进作用。

（二）坚持"以人为本"的科学发展策略

在竞技体育发展的过程中,人是最为重要的要素,因此要坚持"以人为本"的发展理念和策略。一方面,在竞技体育发展的过程中,重视运动员的全面发展,在运动员培养和训练的过程中,要在发展和提高运动员的运动能力的同时,再加强对其文化知识的学习和培养。另一方面,发展竞技体育,要求在注重经济效益的同时,注重经济、社会、环保效益的综合实训。

（三）重视竞技体育的国际交流与协作

体育与政治之间关系密切,其在参与和推动国际社会关系方面发挥着十分重要的作用,而良好的国际社会关系也会对竞技体育的普及、发展有重要的影响作用。

就我国传统优势竞技体育项目发展来讲,在奥运会中,我国有乒乓球、跳水、举重等的传统优势项目,在这些方面,取得优异的成绩并不难。但为了使我国竞技体育进一步发展,也要主动向全世界推广这些项目,加强与其他国家的交流,以更进一步促进我国竞技体育的创新发展。

就我国一些劣势的竞技体育运动项目发展来说,需要向竞技体育强国学习,并且将成功经验与我国的国情有机结合起来,不断提高弱势项目的竞技水平。

第四节 中国奥林匹克运动的发展

一、奥林匹克概述

(一)奥林匹克思想体系

1. 奥林匹克主义

"奥林匹克主义"一词由顾拜旦提出,其初衷是赋予竞技运动一定的哲学基础和目标,但没有对"奥林匹克主义"的概念做出明确定义。自奥林匹克主义提出后,人们从不同的角度对其进行理解,始终未能达成统一的认识。

但是,经过长期发展,奥林匹克运动和其他形式的体育活动不同,奥林匹克承担着更多社会责任,奥林匹克主义集中体现了奥林匹克的社会意义,是奥林匹克的重要哲学指导思想。

1991年6月16日,国际奥委会在《奥林匹克宪章》中,明确指出奥林匹克主义"是将身、心和精神方面的各种品质均衡地结合起来,并使之得到提高的一种人生哲学。它将体育运动与文化和教育融为一体。"简而言之,奥林匹克主义将体育运动与人类社会的发展有机结合起来,重视体育运动中对人的教育,旨在通过体育发展,最终促进人类社会的和谐发展。

2. 奥林匹克宗旨

《奥林匹克宪章》中对奥林匹克运动宗旨的描述为"通过没有任何歧视,具有奥林匹克精神——以友谊、团结和公平精神互相了解……的体育活动来教育青年,从而为建立一个和平的、更美好的世界作出贡献。"简而言之,奥林匹克宗旨就是"和平、友谊、进步"。

3. 奥林匹克精神

《奥林匹克宪章》指出,奥林匹克精神就是"互相了解、友谊、团结和公平竞争"的精神。

人类文化丰富多彩、千姿百态,奥林匹克体育文化是世界诸多优秀体育文化中的一种,发展体育文化,要认识到不同文化之间的差异,尊重不同文化,提倡不同文化的共同发展。

4. 奥林匹克格言

奥林匹克运动的格言是"更快、更高、更强",它是人类博取更大的自由的根本动力,也是社会发展的力量源泉[①]。

"更快"——不断进取、积极向前的奋斗精神。

"更高"——不畏艰险、敢攀高峰的拼搏精神。

"更强"——敢于斗争、勇往直前的大无畏精神。

(二)奥林匹克组织体系

国际奥委会的组织结构包括四个部分,即全体会议(Sessions)、执行委员会(Executive Board)、总部(Headquarters)和专门委员会(Specialized Commissions)。

国际奥委会全会,简称全体会议,是国际奥委会的最高权力机构,它掌握一切重大问题的决策权。每年至少举行一次,奥运会年举行两次。

国际奥委会执委会(IOC Executive Board)是由全会授权,行使国际奥委会职责的常设机构。

国际奥委会总部(IOC Headquarters)负责处理奥林匹克运动日常事务。

---

① 王祖爵. 奥林匹克文化[M]. 北京:中国水利水电出版社,2005.

国际奥委会专门委员会(IOC Specialized Commissions)是国际奥委会主席因工作需要而建立的对专门问题进行研究、向执委会提出建议的咨询性专业机构。一般来说,该机构会在完成使命后撤销,常有变动。

(三)奥林匹克运动会

1. 夏季奥林匹克运动会

夏季奥林匹克运动会是国际奥委会主办的世界性综合运动会,每4年举办一届,是最有影响力的奥林匹克运动会。

夏季奥林匹克运动会包括开幕式、闭幕式在内,不得超过16天。夏季奥运会的竞技项目中,分为运动大项(Spots)、分项(Disciplines)及小项(Events),运动大项至少15个。自1896年到2016年止,夏季奥运会已举办过31届。因两次世界大战,实际只举行了28届(见表4-2)。

表4-2　历届夏季奥运会

届数	年份	举办地点		举办时间
		国家	城市	
第1届	1896	希腊	雅典	1896 - 04 - 06—1896 - 04 - 15
第2届	1900	法国	巴黎	1900 - 05 - 20—1900 - 10 - 28
第3届	1904	美国	圣路易斯	1904 - 07 - 01—1904 - 11 - 23
第4届	1908	英国	伦敦	1908 - 04 - 27—1908 - 10 - 31
第5届	1912	瑞典	斯德哥尔摩	1912 - 05 - 05—1912 - 07 - 22
第6届	1916	德国	柏林	1916年(一战停办)
第7届	1920	比利时	安特卫普	1920 - 04 - 20—1920 - 09 - 12
第8届	1924	法国	巴黎	1924 - 05 - 04—1924 - 07 - 27
第9届	1928	荷兰	阿姆斯特丹	1928 - 05 - 17—1928 - 08 - 12
第10届	1932	美国	洛杉矶	1932 - 07 - 30—1932 - 08 - 14
第11届	1936	纳粹德国	柏林	1936 - 08 - 01—1936 - 08 - 16

届数	年份	举办地点		举办时间
		国家	城市	
第 12 届	1940	日本帝国	东京	1940 年("二战"停办)
第 13 届	1944	英国	伦敦	1944 年("二战"停办)
第 14 届	1948	英国	伦敦	1948 - 07 - 29—1948 - 08 - 14
第 15 届	1952	芬兰	赫尔辛基	1952 - 07 - 19—1952 - 08 - 03
第 16 届	1956	澳大利亚	墨尔本	1956 - 11 - 22—1956 - 12 - 08
第 17 届	1960	意大利	罗马	1960 - 08 - 25—1960 - 09 - 11
第 18 届	1964	日本	东京	1964 - 10 - 10—1964 - 10 - 24
第 19 届	1968	墨西哥	墨西哥城	1968 - 10 - 12—1968 - 10 - 27
第 20 届	1972	西德	慕尼黑	1972 - 08 - 26—1972 - 09 - 11
第 21 届	1976	加拿大	蒙特利尔	1976 - 07 - 17—1976 - 08 - 01
第 22 届	1980	苏联	莫斯科	1980 - 07 - 19—1980 - 08 - 03
第 23 届	1984	美国	洛杉矶	1984 - 07 - 28—1984 - 08 - 12
第 24 届	1988	韩国	汉城(今首尔)	1988 - 09 - 17—1988 - 10 - 02
第 25 届	1992	西班牙	巴塞罗那	1992 - 07 - 25—1992 - 08 - 09
第 26 届	1996	美国	亚特兰大	1996 - 07 - 19—1996 - 08 - 04
第 27 届	2000	澳大利亚	悉尼	2000 - 09 - 15—2000 - 10 - 01
第 28 届	2004	希腊	雅典	2004 - 08 - 13—2004 - 08 - 29
第 29 届	2008	中国	北京	2008 - 08 - 08—2008 - 08 - 24
第 30 届	2012	英国	伦敦	2012 - 07 - 27—2012 - 08 - 12
第 31 届	2016	巴西	里约热内卢	2016 - 08 - 05—2016 - 08 - 21
第 32 届	2020	日本	东京	2020 - 07 - 24—2020 - 08 - 09

2. 冬季奥林匹克运动会

冬季奥运会每 4 年举办一届,最初与夏季奥运会在同年和同一国家举行。从第 2 届开始,冬季奥运会与夏季奥运会的举办地点改在不同国家。1994 年起,冬奥会与夏奥会以 2 年为隔交叉举行。冬季奥运会比赛项目主要有:滑雪、滑冰、冰球、雪车和雪橇、现代冬季两项等,共 7 个大项、15 个分项和 86 个小项。

目前,冬季奥林匹克运动会已成功举办 23 届。2018 年第 23 届冬奥会在韩国平昌举行,我国北京一张家口获得 2022 年第 24 届冬奥会的举办权(见表 4-3)。

表 4-3　历届冬季奥运会

届数	年份	举办地点		举办时间
		国家	城市	
第 1 届	1924	法国	夏慕尼	1924 - 1 - 25—1924 - 2 - 4
第 2 届	1928	瑞士	圣莫里茨	1928 - 2 - 11—1928 - 2 - 19
第 3 届	1932	美国	普莱西德湖	1932 - 2 - 4—1932 - 2 - 15
第 4 届	1936	德国	加尔米施一帕滕基兴	1936 - 2 - 6—1936 - 2 - 16
第 5 届	1948	瑞士	圣莫里茨	1948 - 1 - 30—1948 - 2 - 8
第 6 届	1952	挪威	奥斯陆	1952 - 2 - 14—1952 - 2 - 25
第 7 届	1956	意大利	科尔蒂纳丹佩佐	1956 - 1 - 26—1956 - 2 - 5
第 8 届	1960	美国	斯阔谷	1960 - 2 - 18—1960 - 2 - 28
第 9 届	1964	奥地利	因斯布鲁克	1964 - 1 - 29—1964 - 2 - 9
第 10 届	1968	法国	格勒诺布尔	1968 - 2 - 6—1968 - 2 - 18
第 11 届	1972	日本	札幌	1972 - 2 - 3—1972 - 2 - 13
第 12 届	1976	奥地利	因斯布鲁克	1976 - 2 - 4—1976 - 2 - 15
第 13 届	1980	美国	普莱西德湖	1980 - 2 - 13—1980 - 2 - 24
第 14 届	1984	南斯拉夫	萨拉热窝	1984 - 2 - 8—1984 - 2 - 19
第 15 届	1988	加拿大	卡尔加里	1988 - 2 - 13—1988 - 2 - 28
第 16 届	1992	法国	阿尔贝维尔	1992 - 2 - 8—1992 - 2 - 23
第 17 届	1994	挪威	利勒哈默尔	1994 - 2 - 17—1994 - 2 - 27
第 18 届	1998	日本	长野	1998 - 2 - 7—1998 - 2 - 22
第 19 届	2002	美国	盐湖城	2002 - 2 - 8—2002 - 2 - 24
第 20 届	2006	意大利	都灵	2006 - 2 - 10—2006 - 2 - 26
第 21 届	2010	加拿大	温哥华	2010 - 2 - 12—2010 - 2 - 28
第 22 届	2014	俄罗斯	索契	2014 - 2 - 7—2014 - 2 - 23
第 23 届	2018	韩国	平昌郡	2018 - 2 - 9—2018 - 2 - 25
第 24 届	2022	中国	北京一张家口	2022 - 2 - 4—2022 - 2 - 20

　　3. 残疾人奥林匹克运动会

　　残疾人奥运会包括夏季残疾人奥运会和冬季残疾人奥运会。

　　夏季残疾人奥运会每 4 年于夏季奥运会后举办,在举办夏季奥运会的同一城市举行。目前,夏季残疾人奥运会的比赛项目主要有田径、游泳、轮椅击剑、盲人柔道、轮椅网球、坐式排球、轮椅篮球、盲人门球等。

　　残疾人冬奥会于 1976 年首次举办。从 2010 年开始,冬季残奥会与冬奥会在同一个城市举行。目前,冬季残疾人运动会的正式比赛项目主要有高山滑雪、越野滑雪、冰橇球、轮椅体育舞蹈四大项。

　　4. 特殊奥林匹克运动会

　　特殊奥林匹克运动会(Special Olympics),简称特奥会,创办于 1968 年,专为精神障碍患者及弱智人举办。1975 年后每 4 年举行一届。从 1977 年开始,每 4 年还举办一届冬季特殊奥运会。

二、2008 年北京夏季奥运会

(一)北京奥运会的申办与举办

　　1. 北京奥运会的申办

　　1993 年,北京申请举办 2000 年第 27 届奥林匹克运动会,但在最后一轮的投票中以 2 票之差败于悉尼。

　　1998 年,北京提出申办 2008 年第 29 届奥林匹克运动会,并于 11 月 25 日递交申请书,1999 年 4 月 7 日,国际奥委会正式接受北京的申奥申请。

　　经过各界在各方面的共同努力,终于得到国际奥委会的认可,2001 年 7 月 13 日,在莫斯科举行的国际奥委会第 112 次全会上,国际奥委会主席萨马兰奇宣布,北京成为 2008 年奥运会主办城市。

2. 北京奥运会的举办

第 29 届夏季奥林匹克运动会（Games of the XXIX Olympiad），又称 2008 年北京奥运会，2008 年 8 月 8 日晚上 8 时，第 29 届北京夏季奥林匹克运动会在北京正式开幕，世界体育和中国体育都翻开了新的一页。

2008 年北京奥运会由北京主办，上海、天津、沈阳、秦皇岛、青岛为协办城市，香港承办马术项目，共设 302 项（28 种）运动，参赛运动员 11 438 人（见表 4-3）。

表 4-4 2008 年北京奥运会 28 个大项

田径 (track and field)	赛艇 (canoe)	羽毛球 (badminton)	垒球 (softball)
篮球 (basketball)	足球 (soccer)	拳击 (boxing)	皮划艇 (canoeing)
自行车 (cycling)	击剑 (fencing)	体操 (gymnastics)	举重 (weightlifting)
手球 (handball)	曲棍球 (Field Hockey)	柔道 (judo)	摔跤 (wrestling)
水上项目 (aquatics)	现代五项 (modern pentathlon)	棒球 (baseball)	马术 (equestrian)
跆拳道 (kickboxing)	网球 (tennis)	乒乓球 (table tennis)	射击 (shooting)
射箭 (archery)	铁人三项 (triathlon)	帆船帆板 (sailing)	排球 (volleyball)

2008 年北京奥运会的成功举办，反映出中国社会、经济、体育、科技等的高水平和快速发展，中国对世界更加开放，世界各国也进一步认识和了解中国这个在各方面都在崛起的亚洲强国。

（二）北京奥运会我国竞技体育水平

2008 年北京奥运会中,我国获得 51 枚金牌,100 枚奖牌的好成绩,占据了奥运金牌榜的第一位(表 4-5),这是我国在奥运会运动中的历史最好成绩,表现了我国竞技体育运动的较高发展水平。中国已经开始迈入世界体育强国之列。

表 4-5　2008 年北京奥运会奖牌榜(前三)

名次	国家	金牌	银牌	铜牌	奖牌总数
1	中国	51	21	28	100
2	美国	36	38	36	110
3	俄罗斯	23	21	29	73

（三）后奥运时代我国竞技体育的发展

2008 年北京奥运会之后,我国是否能一直保持高效的竞技体育发展水平和速度,值得深思。在"后奥运时代",我国竞技体育可持续发展必须坚持科学发展策略。

现在,距 2008 年北京奥运会已经过去 10 年,我国在竞技体育上的发展后劲表现出了一些不足。结合当前我国体育、世界体育的总体发展态势,要实现我国竞技体育的可持续发展,必须做好以下几个方面的工作:

（1）实现微观举国体制向宏观举国体制转变。"后奥运时代"竞技体育的发展,既要在高水平竞技上保持举国体制的优势,又要面对举国体制的计划经济逐渐消失的事实,建立与社会主义市场经济相适应的新型举国体制。

（2）实现竞技体育与群众体育的一体化发展。各种竞技体育比赛无疑会引发群众体育活动的高潮。"竞技体育"可促进群众体育发展,竞技体育与群众体育的一体化协调发展可实现人类自身和社会健康发展,实现共赢。

（3）重新优化现有的奥运项目布局,进一步强化优势项目,挖掘潜在优势项目,解决我国奥运优势项目与奥运非优势项目发展不平衡的问题。

(4)转变原有粗放型训练模式,"后奥运时代"的中国竞技体育要从提高训练效益的角度出发,向集约型训练模式转变①。

三、2022 年北京-张家口冬奥会

(一)北京-张家口冬奥会申办

申办冬季奥运会是一个伟大的构想,2013 年 11 月 3 日,中国奥委会正式致函国际奥委会,提名北京市为 2022 年冬奥会的申办城市。

2014 年 2 月,习近平主席专程出席了索契冬奥会开幕式,这是中国国家元首首次出国出席国际体育赛事,习近平主席看望并勉励参加冬奥会的中国运动员:"我们每个人的梦想、体育强国梦都与中国梦紧密相连",这是第一次把体育提到了强国的高度。

2015 年 7 月 31 日,国际奥委会第 128 次全会在吉隆坡举行,北京赢得 2022 年第 24 届冬季奥林匹克运动会的举办权。

随着 2022 冬奥会的申奥成功,北京将成为世界上第一个同时举办过夏奥会和冬奥会的城市。

(二)我国冰雪运动发展现状

北京联合张家口,联合举办第 24 届冬季奥运会,于国于民都具有非常重要的意义。近年来,在冬奥会的申办、准备影响下,我国冰雪运动发展迅速,包括群众性冰雪运动和竞技冰雪运动。

当前,我国群众冰雪活动蓬勃开展,我国开展冰雪运动地域不断扩展,冰雪运动类型日益丰富,冰雪运动参与人数持续增加。

竞技冰雪运动发展方面,我国运动员在最近的世界大赛中表

---

① 金宗强,李宗浩,叶加宝,等.“后奥运时代”我国竞技体育可持续发展的宏观对策研究[J].天津体育学院学报,2008(1).

现出色,但是整体来看,我国冰雪竞技表现出"冰强雪弱"的现状。近年来,冰雪运动的优势项目表现正常,部分项目的实力进一步增强;但从长远发展看,长期仅限于个别优势项目,中国冬季运动需要恶补短板,以求获得更大的发展。

(三)北京-张家口冬奥会举办展望

早在 2014 年,习近平主席提出"举办冬奥会将带动起两三亿人参与冰雪运动"的重要论断。

现阶段,通过推广冰雪运动,能扩大冰雪运动参与人口,"带动 3 亿多人参与冰雪运动",在更大程度上促进我国全民健身运动的发展。当前,我国群众冰雪活动蓬勃开展。

就我国竞技冰雪运动的长远发展来看,我国"冰强雪弱"的发展现状下,要备战 2022 年北京-张家口冬奥会,就必须重视和规范冰雪体育人才的培养,在重视培养冰雪体育人才的基础上,重视提高运动员的文化素质水平。

此外,对于 2022 年北京-张家口冬奥会的举办,要进一步扩大冰雪体育的宣传和影响。"转变体育的发展方式",用人文关怀理念诠释冬奥会的"纯洁的冰雪,激情的约会"美好愿景,让世界更好地了解我国冰雪运动和冰雪运动文化[①]。

---

① 佟岗. 强国梦背景下国家冰雪运动文化建设探索[J]. 冰雪运动,2015,37(4).

第五章 体育强国实现路径之学校体育的发展

学校体育是实现体育强国梦想的重要依托，从西方体育强国来看，其学校体育建设非常完善和丰富，同时，只有拥有良好的学校体育教育基础，才能促进群众体育和竞技体育的不断发展，从而最终实现体育强国的梦想。本章将重点探讨学校体育的基本理论、当前我国学校体育教育的发展概况以及我国学校体育发展的策略。

第一节 学校体育基本理论

一、学校体育的起源和发展

（一）我国学校体育的起源和发展

1. 我国古代学校体育

据史载，中国古代最早的学校产生于奴隶社会时期，夏朝的学校被称为"校""序""庠"等；商朝又出现了"大学"和"庠"两级施教的学校教育，其学校教育内容主要是军事和宗教，里面已经包含有学校体育的萌芽；西周时期，学校又有所发展，分为"国学"和"乡学"两种，教育内容以礼、乐、射、御、书、数六艺为主，用来培养奴隶主贵族子弟。在六艺中，"射"指的是射箭技术，"御"指的是驾驭马车的技术，这都属于军事技能的训练，但也具有体育的性质；"乐"指的是音乐、诗歌、舞蹈等，而舞蹈也含有体育的意义。这些就形成了我国古代学校体育教育的雏形。

进入东周时期，我国社会由奴隶制向封建制社会转变，由原来的"学在官府"向"学在四夷"转变，私人讲学、办学之风兴起。与此同时，学校体育也有了较大的变化，由奴隶制的"为政尚武"向新兴地主阶级的文武兼学、文武分途转化。春秋时期著名的教育家、思想家孔子从文武兼备的教育思想出发，明确提出了"有文章者必有武备"的主张，进一步深化了学校体育教育。

进入秦汉以来，中国古代封建社会制度形成，确立了儒家思想的正统地位，学校教育以"六经"为主，重文轻武，偏重德育、智育，几乎完全排除了学校体育教育的内容。魏晋南北朝时期"玄学""清谈"之风盛行，重文轻武的教育思想进一步发展，学校体育日趋衰败。但由于北朝各代为少数民族所统治，他们非常重视军事训练和身体的锻炼，因而，有一些北朝政权会在学校中设有军事技能训练。

到了唐朝时期，统治者开始注重武备，并创设了武举制度，以培养和选拔军事人才。这极大地激发了社会上的习武之风，也有力地促进了学校体育的复兴。而文举和武举分开的科举制度，也使得文武教育开始分途。宋明以来，理学盛行，重文轻武的局面更加严重，严重影响了学校体育的进一步发展。但是出于政治和军事的需求，其军事教育和军事训练都有了新发展，比如宋朝开始兴办武学；明朝恢复了"六艺"的教育内容，增设了习武场地设备，实行"儒生习武"等。在清朝初期时，统治者十分注重武学的重要性，实行文武并重、文武合一的教育制度。但是到了清朝后期，政治腐败，军备废弛，这种文武并重的教育制度也逐渐松弛了。

总体来说，在中国古代社会中，学校体育虽然起步较早，但受到重文轻武观念的影响，学校体育并没有得到重视，也基本上没有正规的体育教育，学校体育也没有得到应有的发展，大多数时候和军事技能训练联系在一起。直到清朝末年，学习日本和欧美各国开办近代新式学校，中国才开始有了西方式的学校体育教育活动。

2. 我国近代学校体育

1840 年的第一次鸦片战争,拉开了我国近代史的序幕,当时我国面临着帝国主义列强的不断入侵,社会各阶层的有识之士开始寻找一些救国方略。其中,洋务运动是清朝统治阶级掀起的一次自救性运动,在教育方面,他们主张学习西方、兴办西学,开始创办西方式的新式学堂,并把西方体育引入到学堂之中。体操被规定为学堂的学习课程,内容主要是瑞典式、德国式、日本式的普通体操,兵式体操和游戏等,并在学校中开展了以西方近代体育为主的各种体育活动,从而使中国近代学校教育首次出现了体育课程和体育活动,这为西方近代体育在我国的传播和我国近代学校体育的兴起起到了不可忽视的作用。

19 世纪后半叶,以英美为主的各教派在我国创办了不少教会学校以及基督教育年会。这些教会学校通过开展的体育课程,把西方近代体育项目在我国传播开来,其中,基督教育年会的主要工作任务之一就是开展体育运动,他们派出体育专业人员,积极宣传和介绍西方近代体育,并组织各种体育比赛和训练。这些也在客观上促进了我国近代学校体育的发展。

1902 年,清政府颁布了《钦定学堂章程》但未付诸实施。1903年,清政府又颁布了《奏定学堂章程》,这是我国近代史上第一个由政府颁布实施的、比较完整的教育制度,其中对学校体育做出了明确规定,具体规定是各级各类学堂中都设立体操科,其主要内容是德、日的普通体操和兵式体操;小学堂每周 3 学时,中学堂每周 2 学时,高等学堂每周 3 学时。这一新学制的执行,使近代学校体育得到普遍实施,结束了我国两千多年来学校体育中基本没有体育的历史。

辛亥革命以后,学校体育逐渐形成一种"双规现象",即一方面学校在课内沿袭清末以来"军国民主义"的以兵操为主的体操课;另一方面许多学校在课外开展以球类和田径为主的西方式的活动和竞赛,课内和课外形成了两种明显不同的体系。

五四运动时期,随着新文化运动的发展,我国近代学校体育进入了一个新的发展时期,许多人都以进步的体育思想,发表文章对"军国民主义"体育、"国粹体育"进行了批判,对我国体育以及学校体育的现状作了深刻的分析和尖锐的批评,强调了学校体育的重要性,比如毛泽东的《体育之研究》,恽代英的《学校体育之研究》等。1922年,《壬戌学制》以实用主义教育思想为原则,参照美国"六三三制"形式并结合我国当时的实际制定出来,它的出台标志着"军国民主义"教育在我国的没落。1923年,北洋政府颁布《课程纲要草案》,正式将"体操科"改为"体育科",废除了原来的兵式体操,改为以球类、田径、游泳、普通体操等近代体育项目为主的教学内容,并纳入了生理卫生和保健知识。这是我国近代学校体育的一个重要改革。

随着我国近代学校体育的重大改革,对体育师资的培养也开始逐步重视起来,当时的"南京高等师范学校体育科"和"北京高等师范学校体育科"在培育体育师资方面做出了比较大的贡献。与此同时,女子体育也有了很大发展,对体育教学规律和方法的探索和研究也受到一定程度的重视。

在国民政府时期,为了加强学校体育管理,成立了学校体育的领导机构,还颁布了一些有关学校体育的规章。比如,1931年国民政府教育部公布了《初级中学体育课程标准》《高级中学普通科体育课程标准》;1932年公布了《小学体育课程标准》;1936年公布了《暂行大学体育课程纲要》,随后又制定了中小学《体育教授纲目》;1940年公布了《各级学校体育实施方案》,规定各级学校体育课均为必修课,这是我国近代史上第一个比较全面的学校体育实施方案。与此同时,教育部还组织体育专家编辑出版了《体育教授细目》,以后又陆续编写了各种体育教材和教学参考书等。这些都为我国近代学校体育的发展起到了积极作用。但是也要看到,由于当时学校体育并不受重视,加上学校体育师资、经费严重缺乏,运动场地器材设备简陋,上述有关学校体育的种种举措并没有得到很好的贯彻落实,学校体育仍处于比较落后的水平。

与此同时,在中国共产党所领导的革命根据地也十分重视学校体育的发展,各级各类学校在物质条件十分困难的情况下积极想方设法开设体育课和课外体育活动,活动内容丰富多彩,并经常举行各种类型的运动竞赛和运动会。1941年成立的延安大学体育系,为解放区培养了一批体育干部和师资,为新中国学校体育的开展积累了丰富的经验并奠定了基础。

3. 新中国成立后的学校体育

新中国成立后,我国学校体育开始了一个曲折发展的过程,主要分为以下四个阶段:

(1)初步发展阶段(1949—1957年)。新中国建立之初,党和国家就十分重视学校体育工作。1951年,中华全国学生第15届代表大会的决议中提出:"要积极开展学校中的体育和文化娱乐活动,努力改进全国同学的健康状况,要使每一个同学具有强健的体魄,能够胜任紧张的学习和繁重的工作。为了适应祖国国防建设的需求,应该注意提倡军事体育活动。"一系列指示和决定都为提高学校体育的地位,纠正轻视学校体育、忽视学生健康的状况起到了重要作用。

在以后的时间里,我国通过发布一系列政策法规和措施,初步建立了学校体育的目标体系,基本形成了学校体育管理体制和实施措施。比如,1951年,政务院公布了《关于改善各级学校健康状况的决定》强调学校体育和卫生工作的重要性。同年,教育部把体育课列为学校中的必修课;1952年,教育部设立了体育指导处,各省、市、自治区教育行政部门成立了体育机构,学校体育管理体制基本形成。与此同时,教育部和国家体委联合发布了《学校体育工作暂行规定》明确提出了我国学校体育教育的基本目标;1953年,教育部发出《关于中学体育成绩暂时考查办法的通知》,将体育课正式列为一门考核学科,同年,教育部又组织翻译了苏联十一年制体育教育大纲,向全国体育教师进行介绍;1956年,全国开始统一实行体育教学大纲和教材;1957年又出版了中小学体育教学参考书,从而使体育教学工作有了进一步的规范。

　　为推动我国群众体育,特别是青少年体育运动的发展,我国在参照苏联模式的基础上,结合我国的实际情况于 1951 年实施了《体育锻炼标准》。1954 年,国家体委制定了《准备劳动与卫国》体育制度暂行条例,要求初中毕业生和高中毕业生分别达到少年级标准和一级标准。此后,又于 1956 年修订发布了《劳动和卫国》体育制度条例。这一制度的实施对我国学校体育的开展起到了重要的推动作用。

　　为了解决建国初期体育师资不足的问题,我国于 1952 年创办华东体育学院,这是中国历史上第一所体育学院。此后,全国各地先后办起 6 所体育学院,创办了 11 所体育学校和中等体育专科 ,并在 38 所高等师范院校设立了体育系科,同时加强了在职教师的进修,这些为培养体育教师骨干和发展学校体育教育打下良好的基础。总之,这段时期的学校体育蓬勃发展,为学校体育的进一步发展打下基础。

　　(2)曲折发展阶段(1958—1976 年)。在这一阶段的初期,随着"左"倾思潮的影响,体育教育也受到波及,打乱了学校正常的教学秩序。在实际的体育教育工作中,出现了盲目追求指标、脱离实际、以劳动代替体育的错误做法,违背了学校教育和学校体育的规律。而随后的三年困难时期使学校体育工作无法正常开展,学校体育课和课外活动被迫减少或停止,学生体质普遍下降。

　　到了"文化大革命"时期,我国的社会政治、经济、文化等各方面都蒙受了巨大的损失,学校教育也不例外,尤其是学校体育遭到了极大的破坏。中华人民共和国成立以来形成的管理体制瘫痪,教学工作全面混乱,所取得的成果和经验也被全盘否定,体育课普遍被军训和劳动代替,体育教学内容被割裂,正常的教学秩序被打乱,体育师资队伍受到冲击和摧残,场地器材受到严重破坏。

　　直至 1971 年以后开始的整顿工作才使学校体育恢复了一些生机,但正当学校体育出现一些较好态势时,又一轮的政治冲击使学校体育陷入低谷。总体来看,这一时期的学校体育基本处于混乱和停滞状态,学生体质明显下降。

(3)快速发展阶段(1977年至今)。1978年,我国开始进入改革开放阶段,学校体育工作也开始逐渐恢复,学校体育从此迈入了快速发展阶段,主要体现在以下几个方面:

①出台了很多学校体育政策。1979年,教育部、国家体委、卫生部及团中央联合在扬州召开了全国学校体育、卫生工作会议。这次会议的召开,提高了人们对学校体育工作的认识,增强了搞好学校体育工作的信心。随后,为了搞好学校体育工作,教育部及有关部委陆续颁布了《中、小学体育工作暂行规定》《全国重点中、小学体育卫生工作检查验收实施方案》《国家体育锻炼标准(修订)》以及新修订了《中、小学体育教学大纲》《中、小学体育课程标准》等多个学校体育政策的文件。

1987和1988年,教育部先后修订了《全日制中学体育教学大纲》《中、小学体育教学计划》,并启动了第四套中、小学体育教科书的编写工作。另外,教育部及其他部委还制定了一系列有关学校体育发展的政策文件。

2001年5月,国务院颁布了《关于基础教育改革与发展的决定》,并进一步指出学校体育工作要贯彻"健康第一"的思想,增加体育课以及保证学生每天一小时的体育锻炼。

2007年,中共中央、国务院颁布了《关于加强青少年体育增强青少年体质的意见》,提出要高度重视青少年体育工作、认真落实加强青少年体育的各项措施。

2016年6月,国务院办公厅印发了《关于强化学校体育,促进学生身心健康全面发展的意见》,进一步提高要发展学校体育,促进学生体质健康的不断增长。

这些学校体育政策的不断出台,极大地促进了我国学校体育事业的不断发展。

②学校体育科研不断加强。为了加强学校体育的科学研究,相继成立了中国教育学会体育与卫生分会、中国高等教育学会体

育专业委员会、中国体育科学学会学校体育分会等学校体育研究机构,提升了学校体育的研究实力。此外,一些学校体育相关的学术期刊相继创办和设立,如《中国学校体育》《体育教学》等,促进了学校体育教师的业务交流和教学能力提升,从而促进了我国学校体育的发展。

③学校体育师资力量不断增强。为了更好地促进学校体育的发展,国家十分重视体育师资队伍的建设,为了解决师资队伍的不足和质量不高的问题,党和国家采取了很多措施,比如,在有条件的师范院校和综合性大学开设体育系,扩大体育系的招生名额,增加对体育教师的培养。同时,为了提高体育教师的教学水平,利用国培计划,对一些偏远地区体育教师进行培养,提升了他们的体育教学能力,促进了我国体育教学的发展。

④学校体育场地设施不断更新。改革开放之后,随着我国综合实力的不断提升,以及国家对体育教育的愈发重视,国家对学校体育场地设施的投入力度不断增加,学校体育场地设施也在不断更新,例如,很多学校的综合田径场由之前的水泥操场变成了塑胶操场,一些条件比较好的学校还建立起了体育场馆,吸引更多的学生参与其中,促进了学校体育的不断发展。

(二)国外学校体育的起源与发展

1. 国外学校体育的起源

国外学校体育的产生也是以学校的出现为前提条件的。在古代埃及、巴比伦、印度等文明古国中,都出现了宫廷学校、祭司学校、神庙学校等为贵族子弟开办的专门的学习场所,而其中的教育内容也多与体育相关,如箭术、骑马、驾车、使用刀剑等。

公元前8世纪的古希腊奴隶社会的斯巴达和雅典,是西方奴隶制社会教育发展的典型代表,它们形成了两种不同的教育体系,但是都很重视体育教育。斯巴达是一个极端军事化的城邦国家,文化学习并不受重视,体育教育以军事训练为主,全体斯巴达人都被编入军队。因而,他们的教育就是通过严格的军事体育操练,把氏族贵族子弟训练成为体格健壮的武士。其军事体育训练的基本项目是赛跑、跳跃、角力、掷铁饼、投标枪等,不但男孩要学习训练十年的时间,女子也要接受军事训练。雅典有着内容和方法非常丰富的体育教育,体育教育也在学校教育中占据着十分重要的地位。在雅典,孩子在7岁时便要进入文法学校和音乐学校学习文化知识和音乐,同时也会进行一些基本的体育活动。到了12岁,学生便进入体操学校学习体育操练,包括赛跑、跳跃、角力、掷铁饼、投标枪等,目的是锻炼人强健的体魄,同时,雅典人还注意将体育活动与文艺活动联系起来,既重视技能技巧的训练,又重视精神意志的锻炼,把德育、美育和体育结合起来。

古代奥林匹克运动会是古希腊重要的社会活动之一,其主要内容是体育竞技活动,它的存在和发展也极大地推动了当时学校体育的产生和发展。比如,雅典专门有为培养奥林匹克竞技人才而设立的学校,各个城邦为了在奥运会上取得好成绩,也都十分重视体育的教育与训练。

从以上情况可以看出,在古希腊学校体育已经发展至相当完备的程度。但这也毕竟是国外学校体育刚刚产生的初期,无论是教学内容还是教育指导思想与现代学校体育还是有很多不同之处的,带有较明显的历史局限性。

2. 国外学校体育的发展

自从马其顿国王亚历山大率军征服了希腊各个城邦,建立了亚历山大帝国,希腊文化就开始向东方传播,以及与东方文化交流,文明中心也开始向着欧亚大陆交界处和两河流域的城市迁移,这段时期被称为希腊化时期。在这个这期,希腊本土的独立性开始丧失,文化教育方面也发生了重大变化。以前在古希腊时期,体育主要是以军事训练为主要内容,而在这个时期,体育作为教育的内容之一,不再以服务于军事为主要目标,而是"以发展学生身体使之健康为主要任务",体育操练的时间比原来减少,军事训练失去原有的意义而逐渐被取消。与此同时,古罗马受到古希腊文明的影响,也开始建立自己的学校制度。然而当时的罗马社会崇尚演说雄辩才能,体育在学校教育中处于被排斥和否定的地位。

随着西罗马帝国的灭亡,欧洲进入了中世纪,整个西方社会笼罩在宗教神学思想的统治之下,同时学校也逐渐被教会控制。由于宗教神学推行禁欲主义,主张"灵肉分家""肉体是灵魂的监狱"等,不重视体育的作用。在教会学校中完全没有关于体育的内容;在骑士学校中,有游泳、投枪、击剑、骑马等体育内容,但也只是为培养少数骑士服务的。

14 世纪,欧洲文艺复兴运动开始兴起,它反对神权,极力赞美人的作用与能力。在教育领域,人文主义教育观得到普遍盛行,体育重新获得了在教育中的重要地位。尤其是在宗教改革中,新旧两派为了取得民众的广泛支持,都不惜余力地实施文化知识与身体并重的教育主张,客观上促进了学校体育的发展。在此期间,捷克著名的教育家夸美纽斯提出了"适应自然"的教育原则,奠定了近代资产阶级教育理论和学校教育的基础,也被誉为"近代学校体育之父"。随着资本主义生产方式的确立和启蒙运动的发展,自然科学和社会科学都取得了巨大的成就,人们也日益明确地意识到体育的时代价值。许多进步的思想家、哲学家和教育家都充分肯定了体育在教育中的重要价值,比如,英国教育家洛克非常重视体育,认为学校教育应该分为体育、德育、智育三部分,并着眼于实际的锻炼。法国启蒙思想家卢梭提出了系统的自然主义教育和体育思想,直接影响了以后的教育和体育的实施。

从 18 世纪到 19 世纪,在近代体育理论逐步形成的基础上,体育实践开始在一些国家推行实施,学校体育体制开始确立。比如,德国教育家巴泽多创办"博爱学院",最早把体育引入学校教育中,并出现了近代最早的体育教师;1809 年,丹麦政府规定中等学校设置体操学科,把体育列为学校的正式课程;1860 年,阿姆赫斯特大学率先规定大学生每周上一节体育课;1920 年,瑞典要求在中学开设体育课等,随着学校体育被广泛认同,越来越多的国家将体育纳入学校教育内容,许多国家颁布了关于学校体育的法案,这标志着学校体育体制的确立。

20 世纪以来,世界各国都非常重视学校体育,并从不同角度对学校体育进行改革,提出了许多新理论。比如,美国学者托马斯·伍德和赫塞林顿在实用主义教育学说和卢梭的自然教育思想的基础上提出了"新体育"学说;奥地利教育家高尔霍菲尔设计出一种较为符合学生需求的体育实践形式,进一步促进了学校体育的改革。这些教育理论充分肯定了体育在教育中的价值,促进了体育的科学化和社会化,为现代学校体育的发展和繁荣起到了重要作用。

第二次世界大战以后,社会生产向着现代化发展,各国的教育事业也向着以新技术革命为中心的方向发展。学校体育也发生了很大变化,主要体现在以下几个方面:

(1)学校体育中出现了为终生体育和健康的休闲体育活动服务的新趋势。

(2)体育教学内容更加丰富,竞技性运动、表演性运动、游戏内容、室内讲授的体育课程、健身内容等多种教学内容的比例不断上升,由单纯的传授体育知识技能向培养体育能力和开发智力相结合转化。

(3)体育教学形式和方法多样化,在体育教学实际中进行分班、分组教学,还经常在体育教学中采用创造性学习、电化教学、暗示学习等方法,充分调动学生学习的主动性。

(4)推行体育测试达标制度,把各种现代化的手段、检测仪器应用于学校体育管理与学生体质的测量和评价。

(5)各国的体育管理体制日趋完善,使学校体育法制化、规范化。

二、学校体育结构

作为学校教育的重要组成部分,学校体育是指在学校教育环境条件下,通过采用身体运动、卫生保健等多种方式和手段,对受教育者施加影响,从而有组织、有目的、有计划地促使受教育者身心健康、全面发展的教育活动。学校体育的结构主要包括以下几个方面:

(一)体育与健康课程

体育与健康课程是学校教育中一门必修的课程,它主要是以身体练习作为主要手段,促进学生身心健康全面发展的课程。体育与健康课程是培养德、智、体、美全面发展的重要手段,我国的体育与健康课程还帮助和强调让学生建立良好的卫生行为,懂得一些健康知识,它是学校体育的基础组成部分。

(二)课外体育活动

课外体育活动是学校利用课余时间开展的,以体育活动为主要内容,以班级作为基本组织单位,面向全体学生,满足学生参加体育运动的需求,更好地促进学生身体、心理和社会适应能力全面发展的体育活动,是学校体育中的重要组成部分。

(三)课余体育训练与竞赛

学校课余体育训练是指那些在体育方面有一定天赋或有某项体育运动特长的学生,利用课余时间,以运动队、代表队、俱乐部等形式来对这些学生进行系统的运动训练,以使他们在体能素质和运动技能方面得到全面发展,是为竞技体育培养后备人才的一种体育训练活动。

课余体育竞赛是指在课余时间里,将运动项目、游戏活动、身体练习作为内容,并根据正规的、简化的或自定的规则,来组织学生进行个人或集体的体育竞赛活动,通过参加体育竞赛活动,可以明显提高学生的运动技能和运动水平,实现学校体育的目标。

三、学校体育目标

（一）学校体育目标的概念

目标是指人们想要达到的境地或者标准，它是人们通过努力，期望所要达到的预期结果。学校体育目标是指在一定时期和空间范围内，学校体育所要达到的预期要求、结果和标准，是学校体育指导思想和目的的具体体现。它集中体现人们对学校体育与健康课程编制、体育教学实施、课外体育活动、课余体育训练与竞赛开展中的体育价值的理解，关系着学校体育的内容、方法和手段的选择和运用，关系着学校体育的发展方向，是评价学校体育工作效果的重要依据。对学校体育目标概念的理解，可以从以下几个方面进行：

（1）学校体育目标是指在一定活动空间和时间内学校体育教育所要达到的预期效果，强调的是"一定活动空间和时间"，说明学校体育目标具有一定的阶段性和区域性。与学校体育目的的长期性和广度相比，目标更多地是指一段时间里，某一个地区的学生所要达到的预期效果。

（2）学校体育目标是特定价值取向的反映，因而它的表述是十分具体和显性的，具有较强的可操作性。通常来看，学校体育目标会对学生通过学校体育学习后将能完成的体育项目有一个明确、具体的描述，它明确规定了学生的预期学习结果，所采用的行为动作也会明确、可测量、可评价。

（3）从"目标"的字面意义上看，指的是"想要达到的境地或者标准"，由此来看，学校体育目标实际上是一种尚未完成的事项，是一种期望达到的境地，它是对学校体育学习结果的期待和前瞻，从一定程度上激励着教师和学生努力完成这个目标。

（二）制定学校体育目标的依据

在制定学校体育目标的过程中，要有一定的科学依据，才能

实现学校体育的目标。具体来说,主要包括以下几个方面:

1. 满足学生的体育学习需求

学生是学校体育活动实施的对象,他们既是学校体育的客体,处于受教育的地位,又是学校体育的主体,一切学校体育的成果都体现在他们身上,因而学生的体育需求是学校体育活动开展的主要内容,也是学校体育目标制定的依据。在制定学校体育目标时,一定要充分考虑学生体育学习的需求,主要包括学生身心发展的需求、体育运动技能习得的需求、运动快乐的需求等。

2. 满足学校教育发展的需求

学校体育是学校教育的重要组成部分,学校体育目标的制定必须与学校教育的发展相适应。学校体育的目标要与学校的整个教育体系相契合,不能违背学校教育的总体目标,要在适合学校教育的基础上促进学校教育的发展。

3. 学校的体育设施条件

在制定学校体育目标时,还应该考虑学校的体育设施条件,如果学校中拥有较好的体育设施条件,在设置学校体育目标时,可以更好地为设置学校体育课程,而不用考虑外在的客观条件。

4. 学校的体育师资力量

学校体育目标的设置,是建立在足够的体育师资力量基础上的,体育教师是保障实现学校体育目标的重要基础,拥有高质量的体育师资水平,才能更好地实现学校体育目标。因此,在设置学校体育目标时,一定要考虑学校的体育师资力量。

(三)学校体育目标的结构

学校体育目标是一个多层次的结构体系,按照不同的分类方法,可以将它划分为不同层次和类型,主要介绍以下两个类型:

(1)按照学段可分为学前教育阶段体育目标、初等教育阶段
体育目标、中等教育阶段体育目标和高等教育阶段体育目标，
表 5-1 是各个学段学校体育目标的具体内容。

表 5-1　各教育阶段学校体育目标

学前教育阶段 学校体育目标	培养正确的身体姿势,发展基本活动能力,形成各种体育知识或活动的初级概念,培养主动参与体育活动的意识和对各种活动的自信心和意志力,以及与在体育中与同伴合作的能力,善于发现某些体育特长
初等教育阶段 学校体育目标	全面发展身体素质,了解和掌握自身周围生活中的体育、安全、卫生和运动的基础知识,培养对体育的广泛爱好和兴趣和各种积极向上的品质与乐观向上的积极态度,打好身体训练的基础
中等教育阶段 学校体育目标	进一步提高身体素质水平,巩固提高所学的运动技能,发展体育特长,掌握科学锻炼身体的原理和方法,进一步发展各种运动能力,培养良好的体育道德作风,对一些具有一定运动基础和才能的人进行专项训练
高等教育阶段 学校体育目标	巩固身体素质水平,全面提高体能,提高体育文化素养,能够运用适当的方法指导自己或他们科学地锻炼身体,形成坚持体育锻炼的习惯,全面提高心理素质和社会适应能力,组织开展校内体育的专项训练

(2)按照学校体育的具体内容可以分为体育课程目标、课外
体育活动目标、体育教学目标等。体育课程目标是学生通过体育
课程的学习应达到的目标、领域目标、水平目标的总称,每个教育
阶段都会有不同的运动参与目标、运动技能目标、身体健康目标、
心理健康目标等。课外体育活动目标主要是指利用课余时间开
展的巩固、体改与运用体育课学习体育知识技能,丰富课余文化
生活,养成与体育锻炼娱乐的习惯,提高终身体育的能力。体育
教学目标就是体育教师在进行体育教学前所拟定的教学指标,是
学生在体育教学的实践中产生的体育学习结果。

(四)实现学校体育目标的要求

1. 面向全体学生实施体育教育

学校体育是学校教育的重要组成部分,所以要充分发挥学校体育的积极作用和影响,确保学校体育在全面发展教育中的地位,全面贯彻实施学生体育教育。学校体育要面向全体学生,保证全体学生都有享有体育的权利。要创造一切条件,组织和动员全体学生参加各种形式的体育活动,使他们获得身心的全面发展。对于体育基础较好、具有运动天赋的学生,要利用已有的条件尽量满足他们的需求,提高他们的运动水平;对于患有身体缺陷或某些疾病的学生,要根据他们的实际情况安排一些适当的保健体育活动。总之,学校体育工作要得到全面的贯彻实施,要面向全体学生,这样才有可能实现学校教育的目标。

2. 与学校其他教育活动相结合

要使学校体育活动和工作顺利开展,并取得良好的效果,实现学校体育目标,需要在整个学校教育的基础上系统性开展学校体育活动。因为学校体育是一项系统性工程,学校体育目标的实现有赖于学校教育系统的有力支持和学校体育整体效益的获得。首先,作为学校教育的有机组成部分,学校体育应该与学校的工作相结合。一方面,学校体育的工作要遵守国家和政府颁布的学校体育工作的条例、决议、规定等政策,以及要遵守学校关于教育工作的各项规章制度,使学校体育与学校其他工作同步统一进行。另一方面,学校体育教育还要积极与健康教育、卫生保健等工作相结合,在向学生传授锻炼身体的知识与方法时,也要注意对学生进行体育卫生保健方面知识的教育,以及改善学生的营养和学校的环境卫生条件等。其次,学校体育实现的两个基本途径是体育课和课外体育活动,即课内和课外。虽然课内的体育课是实现学校体育的基本途径,但是每周仅两三课时的体育课并不能满足学生的需求和实现学校体育目标的需求,因而课外的体育活动显得尤为重要。学校体育要坚持将课内和课外结合起来,既要保证体育课的质量,又要有丰富多彩的课外体育活动进行补充,使之形成一个不可分割的整体,共同促进学生的身心健康,实现学校体育的目标。总之,在学校的整体教育中,要系统性开展学校体育活动,使学生得到身心的全面健康发展,顺利实现学校体育的目标。

3. 营造良好的学校体育氛围

学校体育氛围包括硬性条件,如开展学校体育活动所必需的体育场地、设施条件,也包括软性条件,如开展学校体育活动的校园氛围、学校体育传统、学校体育的规章制度等。一方面,体育场地、设施条件是实现学校体育目标的物质保障,学校应该将学校体育经费纳入核定的年度教育经费预算中,积极筹措必要的经费,配置和改善学校的体育器材设施;另一方面,良好的软性条件可以积极引导和激励学生参与体育活动,还会对学生体育的兴趣、动机、爱好、态度等形成潜移默化的影响和作用,因而学校应该努力构建学校体育的传统和良好风气,营造积极向上的体育氛围,促进学校体育目标的实现。

4. 开展学校体育的相关研究

随着我国进入到新时代,对学校教育的人才培养提出了一系列新课题,学校体育也处于一系列深刻的发展和变革之中,实践中出现的许多理论问题和实际问题亟须解决,这就需求对学校体育进行科学研究,以期更好地实现学校体育的目标。在进行学校体育的研究时,要与我国的基本国情相适应。我国地域广阔,各级各类学校的体育基础和发展极不平衡,不同学校、地区所面临的实际问题也各不相同,因此,加强学校体育的研究是很有必要的,这是深化学校体育改革、提高学校体育质量的必经之路。

四、学校体育管理

(一)学校体育管理的目标

我国的学校体育课程主要是为了提高学生的身心健康,促进学生的全面发展,而这些也需要专门的体育师资和人才去实现和完成。因此,学校体育管理的目标主要包括以下两个方面的内容:

1. 实现学校体育课程目标

长期以来,我国学校的教育目的都是培养出德、智、体、美全面发展的人才,因此,从小学到大学都开设了相应的体育课程,这些体育课程都设立与相应的课程目标,并且体育课程的目标设置得非常详细,包括了学生在运动参与、运动技能、身体健康、心理健康和社会适应等方面的目标,为促进学生完成体育课程指引了正确的方向。

学校体育管理的目标之一,就是通过一定的手段和措施,规范学校体育课程,保障学校体育课程的有效实施,加强监管,从而促进学校体育课程目标的实现。

2. 培养体育专业人才

通过一定的学校体育管理,也可以促进另外一个目标的实现,即培养出我国社会需要的体育专业人才,并促进我国体育学科的发展。这是因为,我国的大部分体育教师和体育人才都是通过大学教育培养出来的,这就需要相应的教育管理活动来引导和发展。此外,体育学作为我国的一级学科,发展还很薄弱,需要进一步地发展和完善,这些也需要相应的学校体育教育管理活动来实现。

(二)学校体育管理的依据

学校体育管理的依据主要包括以下两个方面的内容。

1. 相关法律法规和学校体育政策

我国学校体育教育管理依据的法律,主要包括《中华人民共和国教育法》,该法第五条规定:"教育必须为社会主义现代化建设服务,必须与生产劳动相结合,培养德、智、体、美等方面全面发展的社会主义建设者和接班人。"从该条法律中我们可以看出,我国的教育方针要求必须做好相关的体育工作,学校体育教育管理的目的就是实现这样的工作目标。

我国教育部颁布了《学校体育工作条例》,指出学校体育的工作任务是"增进学生身心健康、增强学生体质;使学生掌握体育基本知识,培养学生体育运动的能力和习惯等"。此外,教育部还下发了《高等学校体育工作基本标准》,对高校体育教育管理工作提出了相应的指导和要求。这些法律法规和学校体育政策,是我国学校体育教育管理的根本依据。

2. 教育和管理的科学规律

在进行学校体育管理工作的时候,需要把握和运用教育和管理的客观规律,在教育和管理过程中,严格按照相应的规律办事,运用相关原理进行管理,促进体育管理的科学性和有效性。

(三)学校体育管理的方法

1. 行政管理法

这里的行政管理法指的是利用学校的行政职权,运用命令、计划、监督、检查和协调等手段,对学校中的各项体育工作进行管理的方法。行政管理法具有一定的强制性、具有效率高的特点,在实际运用过程中,要注意与其他方法的紧密结合。

2. 法律法规管理法

法律法规管理法是以国家颁布的相关学校体育法律和行政

文件为依据,对学校体育工作进行管理的方法。这种方法具有规范和强制性的特点,可以促进学校体育工作的有序进行,但是缺乏灵活性,不能解决一些可能出现的特殊问题。

3. 心理管理法

心理管理法是运用心理学的相关原理和规律,在学校体育工作中运用宣传、激励、沟通等手段进行管理的方法。心理管理法主要包括情感激励法、榜样示范法、表扬法、批评法和沟通法等。

五、学校体育的未来趋势

(一)"健康第一"的学校体育思想

健康,是当今时代的主题,也是我国目前提倡的生活理念。通过接受一定的健康教育,对每一个人的成长和全面发展至关重要。健康教育和学校健康教育的概念是美国教育家霍列斯曼在1800年率先提出来的。联合国教科文组织发表的《综合学校健康教育:行动指南》中指出:接受健康教育是每位儿童青年的基本权利,要提高他们的健康价值观和实践能力,提高全世界人民的健康水平。

因此,为了适应时代的发展,未来学校体育应该以体育教学为渠道,对学生开展体育卫生保健教育,以此达到增强学生体质、促进身心健康发展和培养德、智、体、美全面发展全面型人才的目标。其中,健康教育和体育教育是紧密相联的,且能够相互促进。鉴于此,未来体育教育的发展趋势必然要突出"健康第一"的理念,注重体育与健康教育的结合,使学生懂得健康的意义,学会保健的方法,形成对体育的兴趣爱好。我国最新版的体育与健康课程标准中,也树立了"健康第一"的指导思想,强调了体育教育与健康结合的必要性,促进学生健康成长是体育课程的最终目标。

（二）成为素质教育的重要手段

现代教育已经进入了素质教育阶段，素质教育注重个体在各个方面的发展，学校体育是实现素质教育的一个重要手段。其本质内涵在于学生参加体育锻炼，参与体育比赛，提高了自身身体素质、心理素质、社会适应能力以及人格等方面的综合素质。在实行素质教育的过程中，身心健康素质是学生发展其他素质的重要基础。通过让受教育者参与一定的体育教育，可以使受教育者具有健美的体态、良好的体质、充满生机与活力的体能，并养成稳定的心态和优良的体育锻炼生活习惯。使受教育者身体结构各个部分、各个系统都获得和谐统一的发展，增强对外界环境的适应能力和运动能力，能够适应紧张的学习、工作节奏以及复杂形势的各种挑战。因此，学校体育应该以素质教育为主线，不断提高和丰富自己的教育内容，为培养全面发展的人做出贡献。

（三）以创新性和快乐性为特征

现代教育越来越注重对个体创新性的培养，创新是一个民族发展的动力源泉，有没有创造性思维也是衡量一个人综合素质的重要指标。因此，在素质教育发展的今天，任何教育都离不开对创新性的培养，体育教育也不例外。因此，学校体育应该在日常的体育活动中，注重培养学生们的创造意识、能力和精神，通过一些体育项目中的技战术来训练学生的创造性思维，在体育教学中，让学生自己创造性地做出一些动作，如让学生自己创编徒手操，自己布置场上的战术等，不断提高学生的创造意识和创造能力。

随着学校体育的不断发展，人们不断探索体育教学的形式。其中，日本出现了快乐式的体育教育，当这种体育教育形式传入我国后，即刻在我国学校体育界和广大体育教师中产生了巨大影响。这种快乐式体育教育很好地解决了体育教学中最大的"敌人"——厌学。快乐式体育教育具有一定的意义和内涵，主要体现在以下三点：

（1）快乐体育激发了学生参与体育活动的兴趣，调动了学生锻炼身体的积极性。

（2）快乐体育面向全体学生，全面提高每一个学生的身心健康。

（3）快乐体育让学生享受体育的快乐。通过参与体育运动，体验成功和进步的喜悦，从而在一定程度上增强了学生的自信心。

从以上分析来看，现代体育教育越来越重视创新性在体育活动中的培养，而快乐性也日渐成为体育教育中的一个重要特征，这两个特征将会不断促进体育教育的发展和完善。

（四）以实现"终身体育"为目标

"终身体育"的思想，是 1965 年由法国成人教育家保罗·朗格朗提出的。苏联学者提出"终身体育"就是培养与发展学生从事体育活动的能力和学习的主导能力，让学生在学生时代学会"一技之长"，养成与掌握终身进行体育锻炼的习惯和方法，使之终身受益。这种思想的确立，极大地丰富了体育教育的思想，促进了体育教育的发展。

终身体育的含义包括两个方面的内容：一是指人从生命开始至生命结束中学习与参加身体锻炼，使终身有明确的目的性，使体育成为人在一生中始终不可缺少的重要内容；二是在终身体育思想的指导下，以体育的体系化、整体化为目标，为人在不同时期、不同生活领域中提供参加体育活动机会的实践过程。终身体育倡导人们不仅在学生阶段参与体育运动，更应该在人生的每个阶段都参与运动，也许每个阶段参与的运动项目不同，但都是为了促进身心健康的全面发展。

因此，学校体育应该以培养学生终身参与体育为目标，帮助其掌握运动技能的同时，促进其形成运动健身的意识，激发其参与运动的永久兴趣，让学生充分认识到终身参与体育的意义和作用，这应该是学校体育的最终目的。

第二节　当前我国学校体育教育现状

近些年来,随着我国对学校体育的不断重视,以及我国体育教育改革的不断推进,我国学校体育教育取得了一定的发展,但总体上仍然存在着一些不足,主要表现在以下几个方面:

一、学校体育教育理论知识传授不足

现阶段,在体育教学中,往往只重视对运动项目技能的传授,而忽略了体育理论知识的教学,体育教学应该加入这方面的内容。这是因为现代体育课程的目标是"健康第一",体育在促进人们身心健康方面发挥着非常重要的作用。体育教学过程中,应该教给学生相关运动知识、健康知识、运动伤病的防治知识,养成体育锻炼习惯的方法,并学习体育文化知识,这些都有助于学生形成参与体育运动的习惯,促进学生身心健康发展,从而实现学校体育教育的目标。

二、学校体育教学目标过于单一

我国体育教育虽然进行了一些改革,但普遍存在着盲目追求体育教学目标的短期效益,过分强调学生的体育锻炼,让学生掌握相应的体育运动技能,缺乏对学生从事体育运动的兴趣、爱好的培养,不能使学生真正成为终身参与体育的爱好者。学校体育教育的最终目标是为了让学生在学校体育教育中学到运动技能,学会与人相处,学会面对失败,学会战胜挫折,成为一个具有健全人格的人。现阶段的体育教学目标过于单一。

三、学校体育教学内容和方法比较陈旧

现阶段,我国大部分学校的体育教学,仍沿袭着传统的以身体练习和运动技能掌握为主的内容和方法,体育教师进行主导的

体育教学方法,向学生讲述体育课程的主要内容,缺乏对学生主观能动性的关注。具体来说,随着时代的发展,体育教学面对的学生越来越年轻化、时尚化、个性化,因此,传统体育教学中的内容和方法,不能引起他们的学习兴趣,显得陈旧单一,只有不断开发新的教学内容,使用更多元的教学方法,才能吸引学生参与体育学习,从而促进体育教学的顺利进行,实现学校体育教学目标。

四、学校体育教学评价体系不完善

现阶段,我国的体育教学评价主要是通过学生掌握体育技能的程度,以及达到运动水平的高低来进行评价的,这种评价方式跟运动员的评价方式类似,虽然在一定程度上能反映学生学习水平的情况,但不能反映全貌。现代体育教育承担着学生道德教育、智力发展、身心健康、审美素养和健康生活方式形成的多元育人功能,因此,传统的体育教学评价方式显然不能很好地反映体育教育的目标,因此,现阶段的体育教学评价体系是不完善的。

五、学校体育教学场地与设施的缺乏

虽然近些年来,我国政府对学校体育的关注力度越来越大,政府和社会也加大了对学校体育的投入力度,但是从整体上看,在我国学校体育教育中,仍然面临着体育教学场地与设施比较缺乏的情况,另外,由于学生体育需求的多样化,学校的体育场地设施只能满足基本体育项目的开展,如篮球、田径场地等,而像一些攀岩、轮滑、游泳项目,大部分学校还不具备条件,甚至像足球这样的项目,很多学校都没有一块专门的足球教学场地。因此,我国学校体育教育面临着体育教学场地与设施缺乏的情况。

六、学校体育的师资力量不足

(一)中小学体育师资力量不足

现阶段,虽然我国政府对学校体育的重视力度不断加大,也重点补充了一些音、体、美的教师数量,但是与我国庞大的中小学学生数量相比,由于受困于编制数量的影响,体育教师的数量还是有些缺乏,不能满足学校体育的教学需求。

(二)高校体育师资力量不足

现阶段,随着我国高校的扩招,高校学生的数量在不断增加,高校的体育课程在开设过程中,面临着体育师资力量不足的问题,这主要是因为我国大部分高校在招聘体育教师时,往往对运动技能要求非常高,对学历也有较高的要求,国家专业运动员或者退役职业运动员虽然运动技能非常高,但是其学历能达到要求的不多,普通高校毕业的体育学硕士生或博士生,其运动技能又不是很高,不能满足体育教学的需求。目前,我国有约3 000所高校,这是一个非常庞大的数量,需要很多体育教师,因此,现阶段的体育师资力量是明显不足的,不能满足我国高校的体育教学需求。

第三节　我国学校体育发展的策略

一、我国学校体育发展的宏观策略

(一)树立"健康第一"与"终身体育"的学校体育思想

随着我国社会的不断发展,健康受到人们越来越多的重视,而通过参与体育运动,是促进人们健康的重要方式,因此,对于大学生来说,也应该不断追求健康的生活方式,积极参与体育运动,养成终身参与体育运动的习惯。因此,在体育教学过程中,应该树立"健康第一"和"终身体育"的指导思想。树立"健康第一"的指导思想,要求体育教师在教学过程中要把学生的健康知识融入体育课程内容中去,指导学生学习体育技能的同时,养成崇尚健康的好习惯。

终身体育的指导思想,要求体育教师正确引导学生科学认识和理解体育的价值,端正学习体育的态度,积极学会体育锻炼的技能,掌握体育锻炼效果评价的方法,形成终身体育能力,为终身体育锻炼奠定基础。只有坚持这两个指导思想,才能实现体育教学的目标。

（二）对学校体育教学内容进行不断创新

丰富体育教学内容、实现体育教学内容的不断创新是促进体育教学发展的重要途径,这就要求体育教师在教学过程中应该重视以下几个方面:

（1）突出体育教学内容的科学性与逻辑性。在体育教学课程设计的不同阶段,体育教学内容应符合教育的内在规律和学生的身心发育特点,与学生的身心发展规律相符。

（2）重视体育教学内容的多样性和趣味性。一方面,多样性的体育教学内能够为学生提供较充分的选择余地,而不是每个学生都必须学习很多统一的内容;另一方面,增加体育教学内容的趣味性有助于提高学生的学习积极性和主动性,引导学生认识体育教学内容学习及体育锻炼的价值。

（3）提高体育教学内容的通用性与民族性。其中,通用性是指教学内容具有统一的规范,适用于各种类型的学生,这是现代学校体育教学内容的主体。而体育教学内容的民族性是指教学内容中应吸收那些学生喜闻乐见、兴趣浓厚、具有明显地方色彩的民族或乡土体育运动项目。

（三）建立科学有效的学校体育教学评价体系

科学的体育教学评价体系,有助于正确合理地反馈体育教学的质量。传统的体育课程评价体系是建立在以运动技能为主的教育价值观上的,把运动技能的掌握作为一切教学的出发点和归宿。这不可避免地会导致课堂教学的训练化,导致体育教师在课堂上只关注运动技能的传授,忽视了学生的健康,体育兴趣、态度、情感等方面的发展。而现代社会要求的人才是以全面发展为标准,因此,体育教学的评价体系也应该是多层次的,要涉及评价对象的基础知识、基本技能,还要涉及学生的个性发展、情感性格和实践能力等。另外,体育教学评价应该注重学生学习的过程性,并使用多元化的评价方法,从而促进体育教学的创新发展。

(四)促进学校体育教师的全面发展

体育教师是在学校体育中起着主导作用的,体育教师综合素质的高低决定着体育课堂教学水平的高低,因此,应该不断提高体育教师的综合素质。首先,可以利用寒暑假时间,对体育教师进行培训,提高其体育课堂能力和科研水平。体育教师要积极参与学习和培训,进行知识更新,充实自己。其次,学校应该不断优化体育教师结构,建立有效的竞争和激励机制,形成一个团结高效的体育教学团队。最后,体育教师要广泛学习教育学、心理学、生理学等学科知识,不断提高自己的知识水平,从而为提高教学质量做出一定的知识储备。总之,只有不断促进体育教师的全面发展,才能为体育教学的创新提供源源不断的动力。

(五)促进学校体育与奥林匹克文化的融合

在学校体育中宣传奥林匹克文化,可以很好地促进学校体育的发展,形成良好的体育学习氛围。

2008年,我国举办了举世瞩目的北京奥运会,在筹办奥运会期间,我国在学校开展了各式各样的奥林匹克进校园活动,积极将学校体育与奥林匹克文化融合在一起,可以促进两者的共同发展。

随着学校教育的不断改革,越来越多的教学内容和文化进入学校,因此,可以制定学校奥林匹克文化发展规划,使奥林匹克教育进入到学校教育体系当中,提高其发展地位,赢得各个学校的重视,使学校体育成为奥林匹克文化发展的重要途径和手段,进而促进学校体育与奥林匹克文化的融合发展。

二、学校体育发展的微观策略

(一)优化学校体育教学内容

1. 满足学生体育需求

以学生的主体需求为出发点,来有针对性地对体育教学内容进行选择。当前,高校体育主体的需求已经发生了较大的变化,因此,体育教学的内容也应该适应这种变化,有针对性地增加健美、舞蹈、韵律体操、轮滑等一些趣味性强的项目,这样不仅能够使教学内容得到进一步的丰富,还能够更好地调动学生参与学习的积极性,满足学生的需求。

2. 增加健康教育的内容

在当前的体育教学中,应该充分提取、利用教材中的健康教育因素,实现体育与健康教育的结合。在选择体育教材内容时,为了能够有效增强学生体质,在体育教学内容中增加有关健康教育的相关内容,具体来说,就是要求增加那些学生乐于参加,并且对学生身心健康有利的体育项目,而将难度大、重复多而单调枯燥、学生不感兴趣的项目删除掉。要以学生身心发展的特点以及知识和能力的水平为主要依据,来对教学内容进行有针对性的安排,从而使教学内容的实用性和趣味性得到有效提高,激发学生的体育学习兴趣。

3. 引入新兴体育项目和民族传统体育项目

随着我国社会经济的发展,体育事业在我国蓬勃发展,越来越多的体育项目进入到我国,因此,在体育教学内容中引入一些新兴体育项目,如极限飞盘、攀岩、独轮车、轮滑等。随着冬奥会的申办成功,有条件的学校也可以在冬季上课时引入冰雪项目,从而吸引学生更好地参与到学校体育中来。

此外,由于我国是一个多民族的国家,学校分别分布在不同的地域,有条件的学校可以积极开展一些民族传统体育项目,既能满足学生们的体育需求,丰富体育教学的内容,还能促进我国民族传统体育文化的发展,可谓一举两得。

4. 增加隐性体育教学内容

作为体育教学内容的一个重要组成部分,隐性体育教学内容也包含着很多具体的方面,其中,较为主要的有道德修养、体育精神、思想作风等无形的内容。对学生的纪律观念、集体观念、社会道德水平和意志品质进行积极有效的培养,能够对学生产生潜移默化的影响,对于学生体育文化素养和体育道德水平的提高有着积极的促进作用,同时,这对于学生更好地适应激烈竞争的社会也有所助益。

只有不断优化我国的体育教学内容,才能促进我国学校体育的快速发展。

(二)对学校体育教学方法进行创新

1. 避免体育教学方法一成不变

体育教师要克服困难,有效防止体育教学方法单一化,主动实现教学方法的新颖性、实用性以及可操作性,有效激励和鼓舞学生对学习的求知欲和积极性,从而最大限度吸引学生的注意力。现阶段,体育教师要从根本上改变传统体育教学过度重视技能的灌输式教学方法,从实际出发,彻底将传统格局打破,将教学内容与学生的兴趣爱好密切结合,主动创新并选择能够对学生发展产生积极影响的体育教学方法,尽可能向学生提供一个良好的学习环境和学习氛围,持续不断地激发学生的学习兴趣,使得体育教学活动的整体质量和效果得到质的提高,推动学生养成独立思考、独立分析、积极实践的良好习惯,从根本上使学生实现全面发展。

2. 促使学生全面发展

全面发展是我国教育的根本目标,促使学生得以全面健康发展已经成为创新高校体育教学方法的客观要求,所以体育教师要尽全力推动学生全面发展,保障学生在体育教学活动中能够受到启发和鼓舞。体育教师在开展体育教学活动的过程中,要以不同学生的实际情况为依据,努力寻找与学生发展特征最为符合的发展方向,让体育教学活动真正使每位学生都能够有收获和成长。

针对以上要求,体育教师要将学生的实际情况作为立足点,将学生今后的发展作为着眼点,尽全力为学生的全面发展奠定良好的基础。在对体育教学方法加以选择时,体育教师要将教会学生做人作为教学着重点之一,把求知、审美、健体、劳动以及娱乐等方面密切结合,把学生所学的理论知识和生活实践密切结合,把课内教育与课外教育密切结合,推动学生实现多个方面的和谐统一,促进学生的全面发展,从而实现学校体育的目标。

(三)完善学校体育教学评价机制

在学校体育中,成功的体育教学评价可以使学生受到极大的鼓舞,有利于培养学生积极的学习态度,发挥特有的导向作用和激励功能,促进学生潜能和创造性的发挥。还可以检查体育教师的教学效果,促进体育教师改善教学方法和手段,形成良好的体育教学效果,促进学校体育的不断发展。因此,应该从以下几个方面对体育教学评价进行完善。

1. 更新体育教学评价理念

我国的素质教育仍在不断地实施之中,体育教育是实施素质教育的重要组成部分,因此,体育教学在进行评价时,应该更新体育教育理念,将素质教育的要求融入体育教学评价当中,将学生的道德素质、体育文化素质、体育技能素质和身心健康素质等内容和特点都纳入到评价体系当中去,才能实现体育教学的目标,促进学生的全面发展,从而实现学校体育的目标。

2. 多维度进行体育教学评价

传统的体育教学往往是以学生是否习得体育技能为评价的

主要目标,随着体育与健康课程新标准的实施,体育课程的学习目标包含了运动参与、运动技能、身体健康、心理健康、社会适应健康等,因此,在进行体育教学评价时,应该从多个维度考虑评价的目标,从而做出一个全面的教学评价。

3. 采用多元化的体育教学评价方法

(1)教师与学生共同评价。传统的体育教学评价是以教师评价为主体地位的,这种评价方式不能很好地反映体育教学的实施效果,在评价过程中,应该采取教师对学生的评价、学生对体育教师的评价、学生之间的评价以及学生自评相结合的方法,从而实现评价主体的多元化,提高评价真实度。

(2)将结果性评价和过程性评价有机结合。在体育教学评价中,不能只进行结果性的评价,而对学生通过体育课学习的运动技能水平进行评价,还应该结合学生在体育学习过程中的态度、情感等因素进行过程性评价。将结果性评价和过程性评价紧密结合起来,可以使体育教学过程变得更加合理,从而提高体育教学的质量。

(3)将整体性评价与个体评价有机结合。对于一堂体育教学课来说,通过对全体学生学习效果的整体评价,是对体育教学效果的检验指标。但是,由于学生身体素质和运动能力的不同,导致在体育学习时,不可能取得同样的效果,必须有针对性地进行个体差异性的评价,区别化对待,有利于使学生建立体育学习的信心,使学生对自己的体育学习效果有一个更加清晰的认识,从而更加积极地参与到体育学习中去。

(4)将定性评价和定量评价有机结合。在体育教学评价过程中,要注意将定性评价和定量评价结合起来,不能只进行定性评价,也不能只追求定量评价。例如在足球教学中,不能单单以学生颠球数量的多少来判定学生运动水平的高低,应该结合学生在整个学习过程中的体育参与度、体能水平等综合判定。而在进行专项体能的教学时,如跑动的距离、仰卧起坐的数量等有一个明确的要求,从而实现体育教学的目标。因此,在体育教学评价过程中,一定要注意将定性评价和定量评价结合起来。

4. 建立科学有效的体育教学评价机制

体育教学评价在体育教学过程中占据着重要的地位,应该建立一个科学有效的体育教学评价机制,在这个机制中,要明确体育教学评价的目标、确定体育教学评价的主体、建立有效的体育教学评价方法,并不断更新体育教学评价的理念,从而逐渐建立一个全面有效的体育教学评价机制,保障体育教学的顺利实施。

第六章 体育强国实现路径之群众体育的发展

体育强国作为我国重要发展战略,具有非常重要的意义,通过各种途径推动体育强国的实现是当前特别重要的任务。具体来说,体育强国的实现路径是多元化的,除了竞技体育、学校体育、民族传统体育以及体育产业的发展之外,群众体育也是不可或缺的重要部分。本章首先对群众体育的基本理论、我国群众体育发展状况与发展策略进行阐述,在此基础上,对社区体育、农村体育、新生代农民工体育及体育强国协调发展的对策进行深入剖析和研究。

第一节 群众体育基本理论

一、群众体育的概念

关于我国对群众体育概念的界定,还没有形成统一的观点,可以从广义和狭义两个方面入手加以分析。

（一）广义的群众体育

广义的群众体育是与竞技体育并存的现代体育的重要组成部分之一,其本质指的是广大群众在余暇时间中广泛开展的,以身体运动作为主要手段,以提高健康水平、进行娱乐消遣为主要目的,在身心健全发展的阶梯上不断超越自我,促进社会物质、精神文明进步的大规模社会实践。

（二）狭义的群众体育

狭义的群众体育(也称社会体育、大众体育)则是指厂矿、企业、事业、机关的职工,以及城镇居民与农民,为达到健身、健心、健美、娱乐、医疗等目的而进行的内容丰富、形式多样的身体锻炼活动。

随着社会经济文化的发展,群众体育日益深入,它所涉及的领域越来越广,构成了一些专门的研究范畴,将群众体育科学文化水平的不断提高充分体现了出来。

群众体育的常见分类方法及类型见表 6-1。

表 6-1　群众体育的分类

划分依据	类型
区域特征	城市体育 乡镇体育 农村体育
年龄	婴幼儿体育 儿童少年体育 青年体育 中年体育 老年体育
性别	女子体育 男子体育
职业	职工体育 农民体育 军人体育
健康状况	正常人体育 残障人体育
活动场所	家庭体育 社区体育、企业体育

二、群众体育的特点

相较于竞技体育来说,群众体育本身所具有的特点主要有以下几个方面:

（一）广泛性

群众体育的广泛性主要是针对参加对象来说的。群众体育的参与对象在性别、职业、信仰、年龄等方面没有限制,无论是处在学龄前的婴幼儿还是离退休的老年人,也不论是从事农业劳动的农民还是企事业单位的职工,以致保国卫家的军人、身有残疾的患者等,都有适合自己参加的体育项目。

（二）健身性

群众体育的健身性主要是针对活动目的来说的。群众体育的基本宗旨是强身健体。群众体育活动以身体锻炼为基本目的,运动负荷适中,以不超过保健水平为度,不追求创造优异的运动成绩,比较讲求锻炼环境的卫生和清洁。

（三）业余性

群众体育的业余性主要是针对活动时间来说的。群众体育是人民群众业余文化活动的重要内容之一,其服从、服务于人们的生产和工作。一般来说,群众体育的开展,大多集中于班前、工余或节假日进行。

（四）娱乐性、多样性与灵活性

群众体育的娱乐性、多样性与灵活性,都是针对活动内容来说的。群众体育活动轻松、愉快、活泼、新颖,具有娱乐性,能够对人们兴趣爱好的满足起到积极的促进作用。此外,群众体育的活动项目,以广大群众喜闻乐见为前提,内容丰富多彩。目前国外群众体育流行的主要项目有步行、健身操、保龄球、交谊舞、高山滑雪、攀岩、滑板、滑翔、漂流、冲浪、徒步穿越、山地自行车等。

另外,户外运动的热潮在西方国家一直是居高不下,其对利用森林、山地、湖泊、水库、海滩等自然资源开展体育活动是非常重视的。除此之外,当前,我国已经将大量的少数民族传统体育项目和汉族体育项目进行了整理,这些体育项目能够使群众体育的内容得到进一步的丰富和充实。

群众体育活动形式不拘一格,除了体育教学、体育训练、体育竞赛、体育表演这些较为常见的形式之外,还有体育锻炼、体育娱乐、体育旅游、体育观赏、体育探险等。

(五)复杂性

群众体育的复杂性主要是针对组织管理来说的。群众体育涉及人员多、范围广、素质水平参差不齐,并以自愿为基础,因此,组织管理上存在较大的难度。

三、群众体育的组织

人们为了达到体育或相关目标,满足社会对体育的需求,将人们的行为彼此协调与联合起来所形成的具有相对的独立形式的社会团体或单位,就是所谓的体育组织。群众体育是一项涉及几乎每一个社会成员的社会文化活动,它几乎渗透进社会的每一个细胞,因此对其进行组织管理,是一项极其复杂而细致的工作。

群众体育本身所涉及的范围较为广泛,包括厂矿企业体育、机关事业单位体育、农村体育、部队体育、社区居民体育和学校中的学生课余运动训练、竞赛和锻炼活动。将这些活动有机地联系在一起,便构成群众体育的整体。一个高度组织化的社会必然要对群众体育实行组织较为严密和系统的管理,而群众体育组织化程度的高低也能够将一个社会组织化水平的高低从客观上反映出来。

作为一种社会性活动,群众体育形成了不同类型的组织,因为这样才能够达到将人与人之间,人与资金、器材、场地之间的各种关系解决好的目的。这些体育组织的种类很多,有的以政府行政单位为系列,有的以行业社团来区别,有的以体育项目为主旨,有的以参加对象来分类,尽管这些群众体育组织有着不同的活动方式和组织机构,但他们的基本作用都在于将具有不同特性的人群用适当的方法组织起来,为他们提供必要的活动条件(如场地、器材、技术等),开展经常性的体育活动,并安排竞赛和考核,从而使群众体质增强,社会文化生活更加丰富,促使人们在体育运动方面的各种需求得到尽可能地满足。

(一)群众体育组织的常见类型

不同的群众体育组织层次和地位不同,因此,这就决定了其职责和分工也各有不同。

一般来说,常见群众体育组织的类型及各自职责主要有以下几个方面。

1. 群众体育政府机构组织

世界上大多数国家的政府机构中都设有管理群众体育的机构,较为具有代表性的有:美国的总统健康委员会,日本的文部省,加拿大和澳大利亚的娱乐部。我国宪法第八十九条第七款规定:国务院行使"领导和管理教育、科学、文化、卫生、体育和计划生育工作"的职权。我国体育行政组织是指主管我国体育事业的各级体育行政机构,由国家体育总局,各省(自治区、直辖市)、市、区(县)等各级体育局构成。中央和地方各级体育局中都相应地设立下属的部门管理群众体育,其具体职责主要有以下几个方面:

(1)对全国群众体育的发展战略加以研究,将全国或当地的群众体育发展规划,以及当年的群众体育工作计划制订出来。

(2)制定群众体育工作的经费预算和结算。

(3)对群众体育工作的政策、规定或条例的研究制定。

(4)对全国或当地大型的综合性的群众体育活动的组织管理。

(5)进行调查研究、检查督促,及时总结经验,表彰群体先进单位,推动全局工作。

(6)对民间群众体育团体的组织管理工作,以及各团体的协调工作。

政府机构中的群众体育组织主要应对群众体育进行宏观的、全面的、长远的管理，应将人民团体和民间组织的积极性充分发挥出来，从而将包办代替、纠缠于日常事务性工作之中的情况得到有效避免。

2. 人民团体中的群众体育组织

我国许多部门，如总工会、共青团、妇联中都设有专门管理群众体育的机构。此外，在中国人民解放军和各个行业中也设有相应地管理群众体育的机构。

工会、共青团、妇联、军队和行业中的群众体育组织主要负责管理本部门、本系统的群众体育工作。其主要职责有以下几个方面：

（1）将本部门本系统群众体育的发展规划和工作计划制订出来，并参与当地群众体育工作计划的制订。

（2）直接参与包括筹措经费、租借场地、借调人员等在内的各种群众体育活动的组织工作。

（3）积极配合和支持当地体育行政部门的工作，认真落实当地群众体育工作计划中规定由本系统、本部门完成的活动任务。

（4）经常对本系统、本部门所属群众的健康状况和发展体育活动的条件等进行社会调查，提请当地政府部门重视群众体育活动。

3. 群众体育民间组织

由人民群众自发成立起来为了实现某种共同的体育目标，并采取类似的体育方法的群众体育组织，就是所谓的群众体育的民间组织，其中较为典型的有：老年人体协、残疾人体协、冬泳协会、自行车旅行协会、武术协会等。这类组织的特点是与群众联系密切，活动积极性较高，具有一定的技术指导力量，不必由国家负担经费，因此具有很强的生命力。

群众体育民间组织的职责主要有以下几个方面：

(1)以规程为依据来筹募经费、发展会员、增加体育人口。

(2)组织比赛或有关集会，如研讨会。

(3)为会员提供活动场地、器材和技术指导。

(4)发展与其他协会的联系。

(二)群众体育活动的组织形式

群众体育活动的组织形式也是多种多样的，其中较为常见的有以下几个方面。

1. 个人和家庭体育

家庭体育是近年来国内外都得到提倡的一种活动形式。这种活动形式能够将家庭的余暇时间充分利用起来，促进家庭成员互相了解，保持家庭的和睦康乐，与此同时，还能够对社会稳定起到积极的促进作用。个人和家庭体育的开展对终身体育的发展具有重要的作用，但需要具备一个重要的前提条件，即社会的体育教育必须具有较高的水平。

2. 锻炼小组活动

锻炼小组活动都有一定的计划安排，并由专人指导，因此取得的锻炼效果通常会较为理想。

3. 以行政单位组织的活动

工厂的车间班组、科室等一般均以工会组织为单位组织体育活动。

4. 街道、街区活动

街道、街区活动是适合街道居民，尤其是老年离退休人员的活动形式，一般较为松散。

5. 辅导站、训练班活动

辅导站、训练班活动是以推广或传授某种操、拳、功或其他运动形式为目的、临时组织起来的活动形式。这方面较为具有代表性的有：气功培训班、杨式太极拳辅导站，健美操训练班等。这种组织多采取收费的形式，并配有辅导员，因此锻炼效果也很好。

6. 俱乐部协会或体育中心

俱乐部协会或体育中心是一种附设在体育设施中有专职管理人员的固定体育组织。会员可以经常到那里去参加自己喜爱的活动，有必要的场地器材和技术指导，并有洗浴和医务监督，因此是一种文明程度较高的组织形式。通常情况下，这类组织形式在条件较好的大中城市是比较常见的。

四、群众体育的开展

（一）群众体育活动开展的重要意义

群众体育活动的开展具有非常重要的意义，这是毋庸置疑的，具体来说，这些重要意义主要表现在以下两个方面。

1. 使现代社会生产和生活的迫切需要得到满足

开展群众体育活动是现代社会生产和生活的迫切需要，这种需要往往是从以下几个方面发展而来的：

（1）20 世纪以来，尤其是第二次世界大战以后，随着科学技术的迅速发展，生产过程自动化程度日益提高，劳动力结构向智能化趋势发展，体力劳动与脑力劳动的比例不断发生变化。经测算显示，在初级机械化阶段，体力劳动与脑力劳动的比率为 9：1；在中级机械化阶段二者的比率为 6：4；到了全自动化阶段两者的比率达到了 1：9。由此可以看出，科学技术的进步在很大程度上改变了劳动工具、劳动对象与劳动方式，这也在一定程度上对劳动者从体力型转向智能型产生了积极的推动作用。可以说,这种改变,使劳动者在生产过程中体力消耗减少,运动也由此减少,从而对体育的需要更为迫切。

(2)随着生活条件的不断改善,高血压、高血脂、冠心病等现代"文明综合症"的发生率越来越高。从保护劳动者的身心健康,以适应现代条件下的生产方式的角度看,实施劳动者的体育,特别是终身体育必不可少。

(3)现代紧张、快节奏的工作方式,使人们在紧张的工作之后,需要通过一些活动来使自己的身心得以调节和放松,而体育活动则是人们最积极的休闲方式和恢复手段。与此同时,随着社会生产力的不断提高,劳动时间缩短,余暇时间也相应增多,这些都为人们参加体育活动提供了可能。

除了上述几个方面外,世界各国的经济发展和社会进步也为群众体育的开展提供了越来越多的有利条件。新闻媒体的体育节目和信息越来越多,并迅速吸引亿万民众参加体育活动,这也为群众参与体育活动起到积极的带动作用。世界上很多国家的政府通过立法形式规定了公民参加体育的义务和权利,还在城市规划与社区建设中配置体育场馆或场地。这些都为群众体育不断深入社会的各个领域,甚至深入到家庭中去创造了有利的条件。群众体育不仅改变着人们物质生活的内容和形式,也对人们的精神生活产生了深刻影响,是提高人民群众生活质量的重要途径。

2. 实现我国体育宗旨,切实为人民谋利益的需要

早在新中国成立初期,毛泽东同志就提出了"发展体育运动,增强人民体质"和"体育是关系六亿人民健康的大事"等一系列指示,这些都将我国社会主义体育的根本目的充分体现了出来。我国宪法第二十一条"国家发展体育事业,开展群众性体育活动,增强人民体质。"的规定,也从总体上将群众体育在我国体育事业和社会生活中的重要地位明确了下来。

从实践中可以得知,群众体育对提高我国人口素质,以及人

民群众的生活质量都会产生重要的影响。维护和保障全体公民参加体育的权利,从而使人民群众日益增长的体育文化需要得到满足,是实现我国体育宗旨、切实为人民谋利益的重要体现。

1995 年《全民健身计划纲要》的推行,这也就表明我国体育事业的发展选择并认定了一种有深远意义的新的体育道路。与《全民健身计划纲要》同年颁布的《中华人民共和国体育法》以法律的形式进一步确定了发展群众体育运动、推行全民健身计划、普遍增强国民体质等内容,从而有力地保障了我国群众体育的持续健康发展。

当前,我国群众体育针对体育向全民性和终身性的体制发展起到积极的推动作用。对婴幼儿体育、中年体育、老年体育、妇女体育、残障人体育和康复体育、各种职业体育、社区体育、农村体育及家庭体育等,都形成了专门的研究领域。追求少年儿童的健康发育、中青年的精力充沛和健美、老年人的健康长寿等,已成为风靡全国的潮流。

（二）群体体育的开展形式

群众体育的开展意义重大,通常是借助于不同的形式开展的,具体来说,主要有以下几个方面。

1. 保健运动

提高人民的健康水平和延年益寿,是保健运动的主要目的所在。这种活动的个体选择性特点较为显著。通常情况下,会以个人身体状况和兴趣爱好为主要依据进行有针对性的安排。既可以选择我国传统的导引养生术,又可以采用西方的有氧锻炼法。按运动处方进行锻炼是保健运动的发展方向之一。

2. 体育娱乐活动

以寻求乐趣、消遣余暇为目的的体育活动,就是所谓的体育娱乐活动,通常需要一定的场地设备条件才能顺利开展。

3. 群众竞技比赛

群众竞技比赛是激励群众进行锻炼,对群众体育发展会起到积极的推动作用。在组织群众体育的竞技性比赛时,应从实际需要出发,通过制定规章制度和比赛规则的手段,增加群众参加比赛的机会和积极性,同时还要控制好运动负荷和比赛强度,使比赛的安全性得到保证。

4. 旅行活动

旅行活动的主要特征为离开居住地,它使人们能够尝试到日常生活中难得的刺激,能够经受生理、心理负荷变化的考验,并能起到增长阅历、陶冶情操的双重效果。旅行的具体形式有很多种,比如,有长途旅行和短途旅行,也有徒步旅行与乘坐交通工具旅行等。同行情况下,应采取结伴或集体行动,并要求在履行前做好充分的准备,这样能够使旅行效果得到有效提升。

第二节　当前我国群众体育发展概况

一、我国群众体育的发展历程

（一）群众体育的产生

群众体育是社会生产力发展到一定阶段所必然出现的一种社会现象,同时其对提高生产力、促进社会安定团结、繁荣人类精神文化生活等方面都有着积极的作用。

群众体育的产生是一种必然,这与其必不可少的前提条件有着密不可分的联系。具体来说,群众体育产生所具备的条件主要有:经济水平的提高;城市化进程的加快;科技的进步;闲暇时间的增加;大众健身与人力资本;大众健身项目的多元化发展;群众体育的开放性和多功能性;人口老龄化的加剧;现代都市"文明病"的加剧发展;构建和谐社会的需要。

(二)群众体育的发展

自产生之后群众体育便得到了良好的发展,下面就对新中国成立后我国群众体育的发展情况进行分析和阐述,从而梳理清群众体育发展的脉络,使人们加深对群众体育的认识。

具体来说,可以将我国群众体育事业的发展历程大致分为几个发展阶段,每一个发展阶段都有其各自的特点。

1. 创业阶段(1949—1957 年)

在这一时期,中国尚处于百废待兴,多年的战乱使得我国国民的身体素质需要得到不断加强,中华民族身体素质的不断提高已成为建设新中国和保卫祖国的重要保障。这也使群众体育在这一时期受到了国家高度的关注和重视。中华全国体育总会于1952 年正式成立,在成立之初,毛泽东同志专门进行题词:"发展体育运动,增强人民体质"。同时,毛泽东同志也曾指出:体育是关系到 6 亿人民健康的大事。1954 年,国家体委制定并颁发了《关于加强人民体育运动工作的报告》,在其中明确指出:我国进入到计划经济建设阶段,人们的身体健康需要加强,各级党委要将人民的体育运动作为一项国家新事业来抓,这使得群众体育健身得到了前所未有的发展和重视,在当时已成为体育事业发展的重要核心。

同时,在这一阶段中,一些群众体育的相关组织机构成立,比如,1952 年 6 月,中华全国体育总会成立;同年 11 月,中华人民共和国体育运动委员会成立;1955 年,全国总工会设置了体育部门,专门负责相关的职工体育工作。此外,各个省、市、自治区等也先后成立了体育部门。1956 年,我国召开了首次全国农村体育工作会议,该会议要求建立相应的县级体委,并配备专职干部,重点强调了在农村体育中要贯彻简便易行和业余自愿的体育工作原则。1957 年,铁路、公安等全国 20 多个系统也相继成立了行业体育协

会,拥有 4 万个基层职工体育协会。同时,体育场地设施在全国
范围内也得到了前所未有的建设。这些都对广大人民群众参与
体育锻炼的兴趣和热情起到积极的激发作用。在此过程中,群众
体育健身加强了对骨干人员的相关培训,共培养了 41 000 多名骨
干人员。同时,还学习和借鉴苏联的先进经验,对有关群众体育
健身活动的制度和政策开始制定和实施,"劳卫制"(准备劳动与
保卫祖国体育制度)被进一步推广,并实施了基层体协制度、产业
体协制度、职工的体育制度、工间操制度、广播操制度等。可以
说,这一阶段开始逐渐向为群众体育建设一个"黄金发展时期"而
发展。

在这一时期,全国人民的身体素质整体水平有了一定程度的
提升,同时也对国防和经济建设的发展起到积极的促进作用,并
为群众体育健身以后的发展制定了一个基本框架。群众体育健
身在这一时期有着非常鲜明的军事和政治色彩,其对要为社会生
产和国防建设提供相应的服务加以强调,这就在一定程度上使群
众体育成为一个非常严肃的政治任务,同时也将爱国主义同群众
体育结合在一起,对人们参与体育锻炼的政治责任感予以极大地
激发,在全国范围内掀起了参与体育运动健身的热潮。由于场地
设施比较缺乏,并且要与社会生产和国防服务的相关需要相贴
近,群众体育活动在这一阶段的内容比较枯燥、单一,具有突出的
实用性,但多样性比较差,主要以军事性较强的项目或体能练习
为主。

2. 起伏发展阶段(1958—1965 年)

1958 年,"左"倾思想占据主导地位,全国性的"大跃进"运动
开始了。这一时期,很多行为与群众体育健身的客观规律乃至人
体的自然规律是相违背的,再加上 1959 年后我国进入了三年的
严重自然灾害,全国很多民众都吃不饱穿不暖,这就进一步阻碍
了群众体育的发展,并且很快陷入了低潮,大多数群众停止了体
育锻炼,不少体育协会无疾而终,"劳卫制"被迫无法继续坚持下

去,群众体育健身陷入停顿状态。

从1963年起,全国人民熬过了三年自然灾害,我国的国民经济形势也有所好转,各行各业逐渐恢复了生机,群众体育也开始复苏。1964年在原国家体委的大力推动下,包括游泳、通讯、射击、登山在内的"四项活动"在全国得到了大力发展。到了1965年,这四项体育活动的参与人数达到了250万人。同时"劳卫制"经过一系列修订,成为《青少年体育锻炼标准》。

这一时期,群众体育在短短几年内经历了大起大落,这使人们对群众体育工作的规律有了更加深入的了解和认识:群众体育健身的发展要与国家经济发展水平相适应,而不能超过这一水平;群众体育工作也不能脱离具体实际、违背身体锻炼原则的客观规律。全国范围内的各类群众体育健身组织开始恢复和新建。1965年,随着第2届全国运动会的举行,群众体育活动在全国范围内出现高潮,得到了进一步发展。

3. 畸形发展阶段(1966—1976年)

这一发展阶段主要是指1966年开始的史无前例的十年"文化大革命"。"文革"开始后,各级体育行政部门的工作处于停滞状态,先前建立起来的一整套行之有效的规章制度受到批判,甚至有的已经被废止。已经形成的职工体育组织网络和业余体育运动队也被迫解散,其组织管理体系也在浩劫中不复存在,群众性的运动竞赛活动停止。群众体育无法正常开展。

"文化大革命"时期文化专制主义使得各种文化活动的发展受到一定的压抑,导致各种文化活动一片凋零,社会文化生活异常枯燥,能够触及的仅仅是少得可怜的五出"样板戏"。寻求群众体育活动成为当时唯一能够满足人们文化需求的关键。于是1969年后群众体育健身异乎寻常地兴旺起来,全国不少县级以上的机关、工厂纷纷开展了以球类、游泳、长跑为主要内容的群众性体育竞赛活动。职工开始自发地开展体育锻炼活动。农民则利用学校的场地、晒谷场和田间空地开展力所能及的体育活动。尽管这些情况都反映出了群众体育良好的发展态势,但是需要强调的是,这些也在一定程度上导致群众体育活动在所谓"突出政治"的干预下,与"业余、自愿、小型、多样、因时、因地、因人制宜"的开展原则完全相违背,在这一时期群众体育中的形式主义达到了极致。群众体育的政治功能被人为过分夸大,常常被当作政治工具来冲击或干扰生产,产生了消极的影响,导致我国群众体育在这一时期的发展极不正常。

4. 恢复、发展与初步改革阶段(1977—1991 年)

随着"文化大革命"的结束,我国各行各业均处于急需恢复、发展的状况。随着政治的稳定、思想的解放,经济开始快速增长,这也在一定程度上带动了我国各级各类的群众体育健身组织的恢复和完善,群众体育活动在新的社会环境中得到迅速恢复和发展,从此进入了新的发展阶段。

20 世纪 80 年代,我国社会经济体制改革的逐步深化和企业经营机制改革力度不断加大,在计划经济体制下形成的群众体育发展模式遭遇到发展的瓶颈,社区体育这一新的群众体育形态在我国城市地区应运而生。

这一阶段,农村体育也逐渐开始受到重视,并且取得了一定的发展。此时,农村各地区相继成立诸如"辅导站""文化站""农村文化中心"等活动组织,这些活动组织都将体育活动作为重要的内容。

5. 改革深化与创新阶段(1992 年之后)

随着社会经济改革的不断深入,人们逐渐意识到以计划经济体制作为基础的群众体育体制无法实现群众体育在新的发展形势下的目的和功能,必须要对现有的群众体育体制进行有效改革。具体来说,就是要促使体育改革的步伐进一步加快,转换和改革体制,从而将同我国社会主义市场经济相适应的体制建立起来,与现代体育运动规律相符,受到国家调控,依托于社会,能够自我发展的、充满活力和生机的、良性循环的体育管理体制和运行机制，从而形成以社会办作为主体、国家办同社会办相结合的新局面。

要想确保该目标的顺利实现，就必须要使群众体育健身普通化、生活化、科学化、社会化、法制化和产业化。个人在体育方面的消费类型有福利型转变为消费型。体育活动由国家独办转变为所有参与者共办，并使体育组织脱离单纯行政型的组织形式。体育干部也由经验型转变为科学型，体育事业从事业型向产业型转变；体育工作也逐渐开始法治化。

1995年6月20日，国务院颁布了《全民健身计划纲要》，这也是我国这一时期开展体育健身活动的重要纲领性文件，也是我国提高民族素质的战略性文件，明确提出了我国大众体育健身的任务、目标及措施。

1995年10月1日《中华人民共和国体育法》的实施，在很大程度上为广大人民群众参与体育的基本权利提供了法律上的保障。围绕着《全民健身计划》的出台与实施，《中国成年人体质监测标准》《群众体育指导员技术等级制度》等有关标准在全国范围得以相继推行。1996年度体育彩票公益金的60%用于建设全民健身活动场所，在全国城市的社区配建体育健身活动场地、设施，实行全民健身路径和全民健身工程。1996年11月，国家体育总局在湖北武汉召开了第一次全国城市社区体育工作会议，深入探讨和定位了社区体育的概念、发展方向、现状特点等。

上述这些体育改革措施都对中国群众体育事业的发展起到了积极的促进作用，推进和加快了群众体育活动的创新与发展、体育知识的普及、体育意识的培养以及相关体育理论科学知识的发展。同时，群众体育健身的功能也得到了充分的拓展，其产生了较为显著的经济效益和社会效益，在社会生产要素的改善、效率的提高、医疗费用的降低和社会稳定程度等诸方面也展现出了卓越的成效。

二、我国群众体育发展的成果

我国群众体育经过长期的发展,已经取得了一定的成果,具体来说,主要表现在以下几个方面:

(一)群众体育在农村、乡镇发展迅速

自我国推出了"亿万农民健身活动"以来,广大农民积极参与体育锻炼,对农村群众体育的发展起到积极的促进作用。

(二)体育人口有了稳定的增长

通过相关调查发现,近年来我国体育人口中,青少年群体数量在不断增加,而且体育人口总量也在持续增加,不同体育群体在体育人口中的比例不断趋于平衡,差距在逐渐缩小。

(三)社区体育发展迅速

在将社会主义市场经济体制确立下来之后,我国原有的"单位群众体育"模式被打破,以地缘联系为纽带、以业余自愿为前提的社区体育快速发展起来。城镇社区体育最具中国特色的是"晨练",老年人是其中的主力军。

(四)群众体育产业快速发展

近年来,人们经济条件的不断改善和余闲时间的增多,热衷于体育消费的人们越来越多。选择项目的多样性特点越来越显著,如游泳、网球、健美操、乒乓球、羽毛球、保龄球、台球等运动都已成为体育消费市场的热点。

(五)群众体育法制化建设良好

《全民健身计划纲要》对我国全民健身的目标、任务、重点、对策、措施和实施步骤等进行了计划和部署,落实这一文件能够对我国群众体育的发展起到积极的促进作用。

（六）体育旅游得到良好发展

随着我国经济的不断发展及新节假日制度的实行，人民群众自由掌握的金钱和时间不断增加，这为其参与体育旅游提供了必要的条件。经过几年的磨合，人们的消费取向逐渐成熟，观光开始逐渐向休闲转变，被动赏景也逐渐向主动参与转变，体育健身日益成为旅游的一大卖点。一般地，较为常见的登山、攀岩、漂流、划船、游泳、垂钓、射击、滑雪等成为新潮并广受欢迎。

（七）文体结合、消遣娱乐的运动项目居多

从相关调查中发现，我国居民参与体育锻炼人数比较多的项目主要有武术、秧歌舞、健身操、交谊舞、慢跑、散步、自由运动等，这些项目都不需要大规模的场地和标准的设备就能进行，简便易行。

三、我国群众体育发展中存在的问题

我国群众体育发展过程中存在的问题有很多，可以大致归纳为以下几个方面：

（一）经济欠发达地区农村体育开展不力

目前，我国东西部地区之间城乡之间经济发展出现了严重失衡的现象，广大农村还处于"温饱型"或"由温饱向小康型"的过渡时期。西部一些落后地区的温饱问题甚至都没有解决。在基本生活需求都得不到满足的情况下，农村体育是难以大力开展的。

（二）场馆设施供应欠缺，体育活动组织率低

相较于西方国家来说，我国能够提供给大众体育锻炼的场馆数量少，而且开放率低，我国大部分群众参与体育锻炼大多在公园等非体育场所。这些都对群众体育的发展产生了一定的制约

甚至阻碍作用。

目前,总体来看,我国人民大众参加体育活动多半是单独或结伴而练,即便是集体练习,也是毫无组织可言。

(三)体育人口年龄老化现象严重

人口老龄化问题已经成为我国非常重要的问题之一,从体育人口的结构质量上来看,我国体育人口中,老年人所占的比例占一半以上,可见体育人口老龄化现象是非常严重的。

(四)群众体育活动缺乏指导

对于群众体育的发展来说,其根本任务就在于加强对群众体育的科学指导。但我国现阶段严重缺乏社会体育指导员,人均社会体育指导员的数量难以满足人们的锻炼需求,而且锻炼的科学指导能力较弱。

(五)群众体育技能水平较低,缺乏竞赛交流机会

多举办一些比赛,有助于群众体育的发展,然而目前的实际情况则是,我国的群众体育竞技性较低,大部分群众很少有参与比赛的机会。

(六)体育活动健身功效不够显著

太极拳、散步、民族舞、压腿等运动强度小、身体负荷低的体育锻炼项目是我国居民参加的主要体育锻炼项目,这些项目的健身功效并不是非常显著。而对于西方国家群众体育活动来说,往往采用身体对抗激烈或者运动负荷较强的竞技性运动项目,因此,其健身效果较为显著。

(七)群众体育的发展相对封闭、孤立

群众体育、学校体育及竞技体育之间不能是相互隔离、相互独立的关系,而应该是相辅相成、共同发展的。群众体育是学校

体育的延续和发展,竞技体育是对学校体育和群众体育的示范和带动,群众体育是竞技体育的基础,对竞技体育的发展起到一定的支持作用。但是当前,我国群众体育、学校体育及竞技体育的发展相对孤立,联系较少,我国的群众体育多半在非体育场地进行,锻炼的项目也是非竞技项目;学校体育场馆对居民紧闭大门,这种互相封闭、相互割裂的体制与现代社会体育的发展是很不相称的,这些都对我国体育事业的发展产生了较大的阻碍,需要进一步改善。

第三节　我国群众体育发展的策略

我国群众体育发展已经取得了一定的成果,但是不可避免地,仍然存在着一些问题亟须解决,这些问题制约甚至阻碍了我国群众体育的发展,因此,采取相应的策略来加以解决就显得尤为重要。

一、做好群众体育的普及推广工作

（一）将多媒体资源充分利用起来做好体育宣传工作

当今社会处于一个信息网络时代,网络的发展导致很多人将闲暇时间都用到了玩网络游戏上面,这就大大减少了对体育活动的关注。鉴于这一情况,可以通过大众传播媒介对社会体育新闻进行大力的报道,让人们随时随地都能够感受到全民健身浪潮正在袭来。与此同时,还要广泛宣传体育健身对人们生活的积极影响,从而使整个社会进入一种人人崇尚健身、参与健身的氛围,最终达到提高群众对社会体育的认识水平的目的。

（二）发挥政府的牵头作用

首先,要进一步完善学校体育教育政策,以学校体育资源为依托,将体育锻炼的短期培训班建立起来,面对社会大众开放,将一些简单常用的体育技能和体育锻炼的方法普及到位,从而使人们的社会体育意识得到进一步的提升。

其次,以全国各地的经济发展状况为主要依据,有目标地将各种档次价位的健身俱乐部或者简易的健身设施建立起来,尽可能地为各个人群的健身和锻炼提供更便利的环境,同时也让更多的社会阶层能够接触到体育健身活动,从而使群众体育在更广阔的范围内得到普及与推广。

二、做好资金保障工作,将经济落后地区的群众体育事业作为重点加以发展

我国经济的发展在地域上有着非常显著的差异性,东西部地区之间与城乡之间的经济差距尤其显著,这种情况也导致我国的社会体育发展同样呈现出严重不平衡的状况,从而进一步导致我国经济发展相对落后的地区总是会面对社会体育发展的资金来源及投入经费不足、短缺的窘境。鉴于此,国家要以具体的经济发展情况为主要依据,在资金、技术方面给予西部地区以及广大农村等经济相对落后的地区大力地投入与支持。同时,为了使由于受经济限制而影响当地的社会体育发展的问题得到有效避免,当地政府还应该使经济调控管理力度进一步加大,有针对性地制定一套科学、合理的公共体育设施管理政策。除此之外,还要在建设或者改造公共体育设施等方面加大投入,对一些重视全民健身活动的单位给予财政以及物质上的奖励。

三、建立健全全民健身的地方性法规

1995年我国就已经颁布并实施了《全民健身计划纲要》,但是,能够严格执行的地方非常少,大多数地方并没有严格按照相关的规章制度开展全民健身的细则与工作安排,同时由于体育市场的管理机制不完善,这就导致《全民健身计划纲要》的细节规定难以落到实处。因此,面对这种现实情况,当地政府应该以本地区的实际情况为主要依据,有针对性地制定一套执行度强的规章

制度,将社会体育纳入法制的轨道,从而真正做到有法可依、有章可循,最终达到群众健身制度化、日常化的目的。

第四节　促进社区体育与体育强国协调发展的对策

一般来说,社区体育发展水平要高于农村体育、农民工体育,但是,其仍然存在着一些问题,为了更好地促进社区体育与体育强国的协调发展,需要采取以下几个方面的举措:

一、更新发展理念,转变发展方式

没有创新就没有发展,更新观念是发展的前提。社区体育要想得到可持续的稳定发展,就必须以全局的、长远的、战略的和与时俱进的发展理念为指导。要确定"协调共进"的系统发展观确定。社区体育既要与社区建设同步进行、协调发展,又要与农民体育、职工体育、农民工体育、竞技体育协调发展。只有协调共进,才能使体育强国的战略目标尽快得以实现。

从某种意义上来说,我国推进社区体育改革是在政府主持下进行的制度选择和创新。这种改革是在保持现有体制稳定的前提下,不与竞技体育体制发生冲突,以循序渐进的方式,在社区体育内、竞技体育外的社会上进行。主要是借助建立社会性的"体外循环"模式的外力,来对体育利益格局和资源供给进行调整,从而对社区体育发展起到积极的推动作用。在社区体育体制内,社区体育的潜能尚未动员起来。因此,转变社区体育发展方式成为一种必然。在体制外模式推动的前提下进行体制内的改革,即对于开展社区体育的人力资源、物力资源和财力资源进行改革,为社区体育的开展投入更多的人力、物力和财力,比如将部分竞技体育人才转变成社区体育服务的专业人才。

二、创造良好的发展环境

良好的环境为社区体育的快速、可持续发展奠定了坚实的基础。从城市规划方面看,应对环境—社区—体育系统合理地进行环境规划,社区体育的管理部门、城市规划部门、城市建设部门通过良好协作、沟通,改善社区的人文环境。在社区建设前规划好社区的绿地、社区公园、健身设施位置等,使居民能在良好的人文环境熏陶下进行活动。此外,充分改造和利用城市的街边、空地、旧广场等,为居民体育锻炼提供优美的环境和便利、安全的活动场所,使户外活动、郊游、远足、踏青等在自然环境下的体育活动项目更加贴近自然。在社区中,要将自然环境、人文环境、社会环境充分利用起来,将有利于创造居民体育活动良性发展的健康模式。

三、切实解决社区体育开展中存在的问题

"社区体育"一词从出现到传入我国,在整个发展的过程中有很多问题出现。切实解决好这些问题,能够使社区体育的研究不断深入、使社区体育不断发展。

目前我国社区体育在管理体制、运行机制和社会体育指导员的培训、培养、指导率以及社区经常参加体育锻炼的人群比例、社区体育消费等方面还有一些问题亟须解决。这些问题会对社区体育的发展进程产生一定的阻碍作用,使社区体育与竞技体育发展不同步,甚至差距越来越大,从而对体育强国目标的实现产生影响。因此,着力解决社区体育发展中存在的问题,对于更好地促进体育强国与社区体育协调发展是非常重要且必要的。

四、建立衡量社区体育发展策略指标体系

社区体育发展策略能否对社区体育发展提供现实的、具有可行性的作用需要借助于一定的指标来加以衡量,只有将衡量社区体育发展策略有效性的指标体系建立起来,才能对社区体育发展策略的有效性进行更好的检验。目前,社区体育的开展和发展等方面的建议和策略比较多,这些建议和策略对社区体育的开展和

发展的借鉴意义及可行性方面还有待于进一步验证。因此,建立衡量社区体育发展策略有效性的指标体系势在必行,并且是未来本课题组对社区体育进行深入研究时要做的后续内容。

五、构建有中国特色的社区体育发展模式

社区体育的发展必须根据本国国情,构建有中国特色的社区体育发展模式,才能更好地促进我国社区体育的发展和体育强国目标的实现。

目前,我国正处在并将长期处在社会主义初级阶段,生产力发展水平相较于发达国家是较为落后的,且存在着人口多、城乡和地区发展不平衡,社区体育面临着人均体育场地面积小、居民体育意识不强、消费水平不高等问题。因此,这就要求在借鉴他国社区体育发展策略的基础上,以我国社区体育开展情况和国情为主要依据,将与中国社区体育发展相适应的模式建立起来显得尤为重要。建立有中国特色的社区体育发展模式,能够对社区体育的发展起到积极的促进作用,不断提高居民体质,最终实现体育强国的目标。

第五节　促进农村体育与体育强国协调发展的对策

我国作为农业大国,农业人口占总人口的半数以上,可以说,农民是群众体育的主力军,农村体育是群众体育的重要组成部分。因此,将农村体育与体育强国协调起来进行发展意义重大,具体来说,可以采取以下几个方面的措施来加以促进:

一、处理好农村体育相关关系,准确定位农村体育的发展

农村体育、社区体育与职工体育都属于群众体育的范畴,但是,由于其参与人群特征不同而使得三者之间存在着一定的差异性。

目前,职工体育与社区体育的主体在体育参与意识、频次和

程度上要比农村体育参与主体强一些。要想提高农村体育参与主体的参与意识,处理好农村体育与社区体育、职工体育之间的关系是必需的,同时,还要在保证社区体育、职工体育正常发展的前提下,有意识地将战略重点转移到农村体育的发展上。

此外,由于目前城镇化进程加快,在农村体育发展方向等方面逐渐向社区体育靠拢,对农村体育未来发展方向的正确定位对于农村体育乃至群众体育的发展速度和程度的提升也是较为有利的。因此,以现有资源和情况为主要依据,正确定位农村体育是农村体育发展策略的重点。

二、遵循因地制宜原则,呈梯度、有重点地促进各地区农村体育发展

我国社会经济文化存在着不平衡和区域化特点,农村体育的发展也呈现不协调现象。为此,在区域体育发展格局上,从各地区经济、社会、文化发展不平衡的实际出发,呈梯度、有重点地分步实行发展策略是非常重要且必要的。不仅东部、中部、西部、东北部不同区域有所区别,就算是同一区域的不同乡镇、村落之间也存在着或大或小的差异。这就要求通过客观、有效的分析,提出不同的发展目标和要求,制定不同的发展步骤和符合实际情况的发展战略。所谓有重点,是指将农村体育活动的组织和指导作为重点,全面提高农村体育活动的数量和质量,在城乡一体化的进程中对各地区农村体育的发展起到积极的促进作用。

三、建立促进农村体育整体发展的立体体系

农村体育发展要与体育深层次的文化领域、实际核心问题——服务和最终目的是提高人口素质有机结合起来,将一个从核心内容到最终目的的立体体系建立起来。一方面,要对农村体育文化的精髓进行深入挖掘,使其不断地传播,发扬光大,体育服务体系的建立要进一步加强,为方便农民参与体育锻炼提供多方

位的服务和保障,做好后勤工作;另一方面,不断提高人口素质,有意识地宣传参与体育的益处,使其深入人心,使农民能够积极、主动地参与体育锻炼。只有这样,才能使农村体育的发展与促进体育强国目标的实现协调发展。

四、农村体育发展的制约因素及其解决办法

影响农村体育发展的因素有很多,可以大致归纳为以下几个方面:

(1)人力资源,主要是指农村体育管理者和农村社会体育指导员。针对这一资源应积极培养和培训农村体育管理者等体育骨干,在人员的选择上尽量选择本地区农民,究其原因,主要是由于他们对所生活的环境和人员较为熟悉,便于开展工作,且工作的预期效果好。

(2)财力资源,指的主要是资金的投入。资金的投入会对农村体育的开展和发展产生一定的影响,为此,在宏观上应调整产业结构,引入市场机制,从而使农村体育资金的可持续发展得到保证。在微观上应鼓励农民通过体育表演等形式,在传播体育精神、活动的基础上增加资金收入,以便有更多的资金投入到体育活动的开展上。

(3)物力资源,主要是指体育场地设施。农民健身工程的实施能够使农村体育场地设施不足的状况得到一定的缓解,但是,场地设施的问题没有从根本上得到解决。为此,可以借助开发体育资源、利用和开放现有体育资源如学校、社区、企业场地设施来使农村体育场地设施不足的问题得到有效缓解。

(4)农民体育生活方式,主要是指余暇时间和农民体育价值观。农民的余暇时间具有季节性的特点。鉴于此,就要求应该在余暇时间开展民族传统体育活动,开发改进新兴体育活动项目,使农民的不同需求都尽可能地得到满足。体育意识决定体育行为。当前,农民对体育的价值认同度不断提高,逐渐意识到体育锻炼对人的价值,但还存在着一些问题亟待解决。为此,可以通

过宣传等手段提高农民对体育锻炼的认同度,或者通过建立和完善一系列诸如服务等方面的保障体系,使农民对体育价值的认识有进一步的提升。

综上所述,可以将各影响因素的影响程度明确下来,通过了解各因素对农村体育的制约方式,预知农村体育发展的结果,从而能够将更好的农村体育革新方案提出来。

第六节　促进新生代农民工体育与体育强国协调发展的对策

当前,庞大的农民工群体已成为我国经济持续快速发展的一股重要助推力。新生代农民工是进入 21 世纪的一种新的提法。新生代农民工体育是群众体育的重要组成部分,能够将城市体育与农村体育有机衔接起来。

通过调查发现,新生代农民工中,大部分是无法经常参加体育锻炼的,导致这一现状的主要原因:没有空闲时间;工作压力大;没有合适的体育场地;经济条件的制约等。

目前,我国新生代农民工体育的发展呈现出交融性、边缘化发展和责任主体模糊等特征。为了更好地保障新生代农民工体育的发展,需要从以下几个方面着手,来进一步促进新生代农民工与体育强国的协调发展。

一、加大新生代农民工体育的宣传力度

全民健身与体育强国战略的宣传力度要进一步加大,尤其是使包括新生代农民工在内的弱势群体对全民健身有一定的了解和认识,同时,还要对体育健身的重要性和运动锻炼的一些方法,以及对增强他们参与体育健身积极性的重要作用都有所掌握。

要将广播电视、互联网、报纸杂志以及手机等现代传媒手段充分利用起来,从而使对体育的宣传得以加强,通过在城市社区

和企事业单位附近悬挂条幅、张贴宣传画、分发体育宣传册或组织一些体育公益活动等形式营造新生代农民工参与体育锻炼的良好氛围。

建立全民健身科技指导信息平台,通过对各大媒体的利用,以专栏或系列报道的形式,来大规模、全方位地宣传和报道群众体育健身活动的开展、体育健身指导等各方面的典型、模范和经验等;将全民健身专家、学者和高校师资的作用充分发挥出来,到农民工比较集中的城市社区和企业单位作针对农民工体育健身锻炼的专题报告,启发和引导农民工科学健身锻炼;或者由社区以及体育协会组织公益性讲座等专门为农民工宣讲全民健身知识、推广健身方法等,倡导健康、文明、科学的生活方式。

总的来说,就是要将一切资源和机会宣传都充分利用起来,对全民健身和体育健身的相关知识加以介绍,提高新生代农民工的体育意识,从而为新生代农民工体育的开展起到积极的推动作用。

二、对新生代农民工的体育锻炼需求进行积极引导

促进人的身体健康是新生代农民工参加体育锻炼的最主要动机。由此可以看出,他们对体育需求的层次偏低,更多的是停留在生存层面,功利性特点较为明显。因此,组织农民工参加体育活动要以休闲性、趣味性、健身性为侧重点,从而与农民工的需求特点相适应。

通过各种手段和形式,使新生代农民工能够感受到参加体育锻炼的魅力,对体育的价值有所认识,能够把运动健身作为闲暇时间的一种休闲方式。针对新生代农民工的群体特点和其他客观条件,选择适合新生代农民工开展的体育锻炼内容,将体育增进健康、娱乐身心、完善自我等功能充分发挥出来。逐步提高新生代农民工体育需求的层次,发展其发展性和自我实现性的高层次需要,让新生代农民工更加喜欢和热爱体育锻炼,以持续地扩大参加体育锻炼的人数比例,扩大体育人口的比例。除此之外,

还要使过去人们把体育需要和生存需要相对立的观点得以改变，将体育的功能充分发挥出来，使体育在新生代农民工融入城市生活的过程中发挥其应有的社会功能。

三、进一步丰富和充实新生代农民工体育的内容和形式

我国地域广阔，不同地区的气候存在着较为显著的差异性；同时，我国民族众多各民族的文化习俗也有一定的差别；另外，沿海、内陆以及东西部经济发展不均衡，人民的物质生活水平差距很大。鉴于此，就要求在选择新生代农民工体育的开展形式和内容上要区别对待，一切要从实际情况出发，与本地区的实际情况有机结合起来，对新生代农民工体育活动开展的方式和内容进行合理选择，摆脱一些共有的、呆板的内容和形式，将一些地域性、民族性的内容纳入其中。同时，还要在充分掌握现有的相关地理环境情况、体育设施情况、人群的分布特征以及体育资源的可合理、便捷使用情况等因素的基础上，与本地区的实际情况和特点有机结合起来，创造性、灵活地选取新生代农民工体育的开展形式和内容，在此基础上将一套行之有效的新生代农民工体育工作模式确定下来。

四、做好新生代农民工体育场地设施的建设工作

体育运动开展的一个重要前提条件，就是要具有一定的体育锻炼场所，其便利与否会对新生代农民工参与体育锻炼的积极性产生直接影响。

随着全民健身运动的深入开展，城市里的体育运动场所和器材得到了一定程度的改善。但是，对于不断膨胀的新生代农民工群体来说，这种改观所覆盖的广度和力度仍然是较为欠缺的。另外，大部分农民工的居住场所环境较差，相应的体育健身设施和器材相对较少。鉴于这种情况，就要求在体育发展过程中尽可能做到以下几个方面的要求：

一方面，要向他们开放社区、企业的一些公益性、免费的体育

场馆和器材,将现有的体育场地设施资源充分利用起来,使其利用率得到有效提升,努力为他们参加体育锻炼创造良好的条件和基本的保障。

另一方面,政府在规划和建设城市社区体育文化设施时要积极转变思路,要在对所辖居民的体育健身需求加以考虑的同时,也将农民工在城市社区的分布状况作为考量的重要方面,有针对性地增加草坪内个人体育场地、设施,提高新生代农民工所在社区体育设施的可使用率,如加大在城市广场、街区绿地、公园等公共场地体育场所的覆盖比例。尤其需要强调的是,要加强对新生代农民工居住地或聚集地内的体育健身活动场所的规划和建设,在整个城市体育场馆建设中要将建设的公益性、使用的福利性、参与的全民性特点充分凸显出来。

五、使新生代农民工参与体育健身的权利得到有力保障

加强对新生代农民工体育权利的保障,要使其基本体育权益的实现得到保障。农民工权益的维护所涉及的内容较广,遇到的阻力也较大。鉴于此,可以有针对性地采取以下几个方面的措施:

(1)要制定保护农民工的法律、法规和政策,并使其进一步完善,将农民工问题纳入法制化的轨道,做到有法可依,使对农民工各种不合理的限制和歧视性政策得以消除。

(2)要建立健全相关法规政策来明确农民工体育权益保障的责任主体和归属问题,让新生代农民工拥有与市民平等的体育锻炼条件,积极制定能够使新生代农民工参与体育活动和体育场地设施开发建设得到保证的相关规定,使新生代农民工体育活动的开展有法可依,有据可循。

(3)执法力度也要进一步加强,从而切实维护每个农民工参与体育健身的权利,如自由参与体育健身的权利、利用城市器材设施的权利、参加社区单位及城市其他体育比赛的权利等。通过一系列措施为新生代农民工体育的顺利、健康开展提供法律保障。

（4）要通过对法规政策的完善，使企业领导和相关基层部门政府领导对新生代农民工体育的重视程度得到进一步的提升，从地方政策和企业环境方面来为新生代农民工体育开展创造适宜的条件。

第七章　体育强国实现路径之民族传统体育的发展

民族传统体育是体育强国战略的重要组成部分,发展民族传统体育是建设体育强国的重要基础,广泛开展全民族的传统体育运动,大力发展民族传统体育,扩大中华民族传统体育文化在全球的影响,不但能够从根本上保证民族传统体育在体育强国建设中的基础地位,而且可以为我国体育强国战略目标的实现打下坚实基础。因此,本章主要就体育强国实现路径之民族传统体育的发展进行研究,主要从民族传统体育基本理论、当前我国民族传统体育发展概况及我国民族传统体育发展的策略等方面展开。

第一节　民族传统体育基本理论

一、民族传统体育的概念

在民族传统体育发展历史中出现了很多不同的概念,这主要与时代背景及不同研究者的认识水平有关。1989 年,人民体育出版社出版的《体育史》将民族传统体育定义为近代以前的体育竞技娱乐活动。有学者认为,民族传统体育指的是在中国产生并流传至今的,和在古代由外族传入并生根发展且有中华民族传统特色的体育活动。还有学者认为民族体育、民族传统体育及少数民族传统体育的概念是互通的。

综上所述,我们将民族传统体育的概念界定为,在中华民族不同历史时期,不同地域产生、开展并传承下来的具有鲜明民族传统特色的各种体育活动的总称。

二、民族传统体育的特点

(一)民族性

民族传统体育的形成与发展综合反映了我国各民族的社会生产与生活特点,因此说民族传统体育具有民族性特征。

我国是由多民族组成的大家庭,各民族在长期的生产与社会活动中,用勤劳的双手和聪慧的大脑将丰富多彩的民族传统体育创造出来,所以民族传统体育带有鲜明的民族特性。不管是哪个民族,其宗教信仰、自然环境、生产生活方式以及经济发展水平等都会在一定程度上对本民族的传统体育活动产生不同程度的影响。在对人们的民族认同感和民族精神进行培养时,可充分发挥民族传统体育在这方面的作用。由于民族传统体育具有民族性特征,所以各民族人民在参与本民族传统体育运动的过程中,可以对本民族传统体育的历史文化与体育文化有所了解,这有利于培养与提升各族人民强烈的民族认同感和民族自豪感。

我国各民族人民的生活状态可从本民族创造的传统体育中反映出来,不管是直接的身体层面,还是思想与情感等精神层面,都能得到体现。民族传统体育对于各民族来说,都是非常重要的文化标志,是其他民族了解本民族文化的一个重要窗口。

(二)地域性

不同民族的自然条件及区域环境都或多或少存在差异,在各自文化背景基础上,不同民族都创造了本民族的传统体育活动方式,而且各具地方特色,这就是民族传统体育的地域性特征。

不同民族与地域的自然环境及社会环境是民族生存与发展的基本空间条件。古代社会,各民族都呈现出鲜明的地域性特征,除环境差异的影响外,还与交通不通畅、信息量少、经济发展落后等因素有关。不同民族都在本民族的环境基础上形成了具有地域特色的民族传统体育项目,较为典型的是北方人善于骑射,南方人善于水上运动。

民族传统体育的地域性特征除了受到自然条件影响外,还受民族文化、民族风俗、民族心理等人文环境因素的影响。例如,南方人的性格温婉平和,善于思考,所以擅长游泳、弈棋等技巧型或智力型体育项目;而北方人的性格比较奔放豪爽,崇勇尚武,因此擅长摔跤、奔跑、搏斗、举重等力量型或速度型体育运动。

（三）文化性

民族传统体育是我国非常重要且宝贵的文化遗产,其中蕴含着大量的民族文化信息,因此在这方面的研究中,民族传统体育往往是非常重要的突破口。民族传统体育的民俗文化性非常鲜明,各民族的审美品位、风格特色、文化气息等在本民族的传统体育文化中都有一定的体现。在各民族历史发展中,传统体育与本民族政治、经济、文化等形成了密切的联系,可见民族传统体育的文化性特征十分突出。

（四）竞技性

体育竞技在我国原始社会时期就已萌芽,宗教庆典自黄帝以来就成了体育竞技中的主要竞赛活动,这些活动的目的主要是报答神灵赐福。先秦时期,武术取得初步发展,并彰显了技击的本质与特征。武术在当时被视为强壮、机敏和征服的象征,通过参与该项竞技运动,能够使人类的竞争需求和自我价值实现需求得到满足。古代体育的竞技精神在武术中体现得非常明显。射箭、赛马、叼羊、摔跤、赛龙舟等少数民族传统体育项目中的竞技性也很突出。发展我国民族传统体育中的竞技类项目,不但可以从身心、性格及品质方面培养全面发展的人才,而且还可以在稳定生活环境、维护社会秩序、提高民族意识等方面产生重要影响。

（五）娱乐性

民族传统体育从起源到发展,始终都与传统节日密不可分。民族传统体育中有大量的表演性和娱乐性项目,强身健体、愉悦身心是这类项目的主要功能。这些运动的共同特点是基本都出现在民族节日中,民族节日中开展这些活动的目的主要是庆祝丰收、欢度佳节、营造节日氛围等。民族传统节日与民族传统体育之间形成了相辅相成的关系,具体表现在两个方面:一方面,民间传统节日文化因民族传统体育活动的开展而不断丰富;另一方面,通过民间传统节日使民族传统体育得到了有效传承与推广。

(六)多样性

我国民族传统体育内容丰富、形式多样,是我国各族人民共同创造的伟大成果。据《中华民族传统体育志》统计,55个少数民族的传统体育项目有676个,汉族传统体育项目有301个,共计977个,不同民族都具有自己的传统体育项目,而且都具有本民族特色。民族传统体育项目的多样性和分布的广泛性是我国传统体育文化的一大特色。

民族传统体育不仅项目多,而且还有多元化的结构,不同体育项目在动作结构、技术要求等方面都有区别,如赛龙舟、赛马、舞龙、舞狮、拔河、荡秋千、风筝、武术、蹴球、木球、毽球等不同项目各自形成了独特的技术特征。民族传统体育运动因各项目技术特征的不同而表现出多特色、多风格。

(七)交融性

从文化层面来说,现在是世界文化实现全球性融合与发展的时代。著名学者丁立群指出,世界文化是普遍的,也是特殊的,普遍包含着特殊,不同的文化类型在此融合,世界文化正在将人类文化统一起来,而核心就在于以人类普遍的、永恒的价值作为理想。在价值上,不同类型的文化形态具有相对性、平等性及多元性,因而无法对其进行比较。尽管我国各民族的地理区域、宗教信仰、价值取向、文化环境以及生活方式等都有差异,但在漫长的发展历史中,各民族传统体育随着民族的迁移及各民族的文化交流而互相碰撞、交融与渗透,特别是在各民族经济、文化快速发展的今天,民族间传统体育的融合也愈发深入。

从世界不同的民族文化中汲取精华与营养,从而推动我国民族传统体育的繁荣与发展,这是我国民族传统体育交融性特征的主要表现。同时,在同世界文化相融合中,我国也摒弃了一些"垃圾文化",从而促进我国民族传统体育发展质量的进一步提高,这也是为世界民族文化的健康发展做贡献。

三、民族传统体育的分类

（一）依据民族传统体育地域分布的分类

各地的自然地理环境、社会历史文化、生产生活方式、经济类型、风俗习惯以及民族心理等因不同的地区分布而各有差异。我国是一个多民族国家,因而民族传统体育呈现出多元性。以地域分布为依据,可将我国民族传统体育分为西北民族传统体育、东北内蒙古民族传统体育、中东南民族传统体育、西南民族传统体育四大类。

（二）依据民族传统体育性质与内容的分类

按照性质与内容,可以将民族传统体育划分为四种类型,分别是力量类、速度类、智能类及技巧类。

1. 力量类

力量类项目主要是指以力量取胜的对抗性项目。力量类项目有个体型力量类项目和集体型力量类项目之分。

个体型的力量类项目主要有投掷、摔跤、举重、爬竿等。集体型的力量类项目主要有赛龙舟、拔河等。后者主要依靠集体协作的力量取胜。

2. 速度类

速度类项目主要是指靠速度取胜的民族传统体育项目,包括游泳、赛马、赛骆驼、滑冰、滑雪等。速度类项目的共同特征是参与者以熟练的技术、恰当的战术为保证,充分发挥速度优势取得胜利。

3. 智能类

智能类项目主要指通过充分发挥智力取胜的项目。博弈是智能类项目的典型代表。

不同民族的博弈有不同内容和方式,各具特色。博弈一般可分为两种内容:吃子和占位;两种方式:简易和华贵。无论是哪种博弈项目都能在一定程度上培养人的智力。目前,我国各民族流行的博弈项目主要有方棋、五福、五子棋、摆方等。

4. 技巧类

技巧类项目指的是以灵敏和协调能力取胜的项目,主要有武术、毽球、跳绳、荡秋千、跳皮筋等。

技巧类项目拥有悠久的发展历史,普遍被人民群众所喜爱。中国人种特点决定了技巧类项目数量多、分布广、群众基础广泛。

(三)依据民族传统体育项目形式与特点的分类

按民族传统体育项目的形式与特点,可以将其分为跑跳投类、射击、水上项目、球类、武艺、舞蹈和游戏七大类,见表7-1。

表7-1　按项目形式与特点划分的民族传统体育[①]

分类	具体项目
射击类	射弩、射箭、步射等
跑跳投类	投沙袋、跑火把、跳马、跳板、雪地走、丢花包、掷石等
球类	木球、珍珠球、毽球、蹴球等
舞蹈类	跳火绳、跳竹竿、跳花鼓、东巴跳、跳房子、跳绳、跳皮筋等
武艺类	武术、顶杠、打棍、摔跤、斗力等
游戏类	打手毽、秋千、斗鸡等
水上项目	赛皮筏、划竹排、龙舟竞渡等

---

① 张惠选. 民族传统体育概论[M]. 北京:人民体育出版社,2005:19.

从民族传统体育的分类方法可知,我国民族传统体育项目繁多、内容丰富、形式多样。所以在具体研究中,要区别对待,从而更加全面而深刻地了解与掌握民族传统体育文化。

四、民族传统体育的价值

(一)历史价值

作为我国民族传统文化的重要组成部分,民族传统体育的产生是以特定的历史条件为前提的,而且其传承也是在民族的不断发展中逐渐实现的,所以民族传统体育中蕴含的历史文化信息十分丰富。一定历史条件下,一个民族的自然生态状况及特定的政治、经济、文化等状况都可以从本民族传统体育中得到体现。可见民族传统体育具有突出的历史价值。

(二)健身价值

民族传统体育与身体活动密切联系,因为它主要来源于人们的生产与生活方式。民族传统体育要求人们直接参与活动,在运动中强身健体,改善体质,这有利于促进各民族人民的身心健康。

强身健体是民族传统体育的主要价值表现,通过参与传统体育运动,可以促进有机体生长发育的加快,使运动能力不断提高,也可以使人的中枢神经系统机能得到明显的改善和提高,同时还能提高人的心理素质,增强人的环境适应能力,可实现人的全面健康发展。

(三)文化传承价值

作为典型的民族风俗文化,民族传统体育在传承民族文化方面肩负重要的责任。民族传统体育自诞生起,就在华夏民族中代代传承,各民族在传承民族传统体育的过程中同时也促进了民族传统文化的弘扬与传播。人们参加民族传统体育,可产生强烈的归属感、娱乐感以及民族自豪感。

这里以武术为例来具体分析民族传统体育的传承价值。中华武术在外国人看来就是中国功夫,武术在我国拥有悠久的发展历史,源远流长,博大精深。我国以爱国主义为核心的重德务实、自强不息等民族精神在武术运动中得到了客观反映,因此,武术运动历经几千年的发展仍然可以延绵不休,而且深受各族人民的喜爱与欢迎,这也是其能够传承至今的主要原因之一。武术的传承与发展充分反映了我国民族传统体育突出的文化传承价值。

随着全球经济一体化进程的加快和我国国际地位的提升,传统体育的文化传承也逐渐被世界人民接受。

（四）民族凝聚价值

民族风俗不仅可以使本民族的生活方式不断趋于统一,还可以维系群体或民族的文化心理。不同民族都有自己特定的自然条件与社会环境,在此基础上各民族形成了特定的集体心理。例如,中华民族的象征是"龙","舞龙"作为民间节日的娱乐活动,象征着华夏民族大团结。龙这种复合型虚拟动物的形象是中国人创造的,舞龙运动需要多人的相互配合才能完成,这体现了民族团结精神。这符合中华民族"多元一体"的文化背景。"多元"就是 56 个民族单位,"一体"就是中华民族大家庭。舞龙运动具有凝聚民族精神的功能。通过这类民族传统体育运动可培养各族人民的团结意识,使各族人民齐心协力为民族整体利益和长远利益而奋斗。

（五）经济价值

民族传统体育的发展离不开经济的支持,这主要是因为民族传统体育的产生与发展与生产、生活方式有密切关系。民族传统体育的经济价值主要从以下几个方面体现出来:

(1)民族传统体育资源丰富,将这些体育资源深入开发并充分利用,可推动民族特色经济的发展和提高民族经济发展水平。

(2)大力开展民族传统体育活动,能够提升体育产业的发展速度,推动民族体育产业市场(培训市场、娱乐市场、消费品市场等)的发展与繁荣。此外,大型民族传统体育比赛的组织与举办都会给举办地带来可观的经济利益和良好的社会效益。

(3)开发民族传统体育产业,可促进人们文化教育体育消费和健身娱乐消费空间的扩大。

(4)针对特色鲜明的民族体育项目,可开发旅游项目,从而带动区域经济发展水平的提升,实现经济效益和社会效益的双赢。

(六)娱乐价值

在民族传统体育中,不管是直接参与者,还是观赏者,都可以达到愉悦身心、调节情感、提高审美趣味的效果。民族传统体育所蕴含的文化内涵比一般竞技体育项目更丰富,而且比竞技体育有更强的趣味,所以人们将此作为自己休闲娱乐的主要手段。民族传统体育重激情,对准确性和实用性没有强制要求,而且在基本动作规范内可自由加入创造性元素,这都是民族传统体育娱乐价值的体现。

第二节　当前我国民族传统体育发展概况

一、现阶段我国民族传统体育的总体发展情况

(一)民族民俗体育活动不断增加

我国是一个由多个民族共同组建的大家庭,在这个大家庭中,不同民族都有自己的风俗习惯,而且不同的风俗习惯都具有民族特色。与此同时,不同民族的传统体育也体现了本民族独有的风格与特色。在各民族民俗文化不断融合的基础上,民俗体育不断发展,各民族民俗体育所体现的民俗风情各不相同,而且表现形式与娱乐价值也各有差异,这对广大人民群众产生了巨大的吸引力。但是,民俗也具有惯性,我国现在还流传着一些封建社

会时期的民俗体育活动,如清明节、端午节、元宵节等民俗活动。因为民俗体育具有地域性特征,而不同地域又有不同的文化特点,因而民俗体育的多样性特征也越来越凸显。因此,我们可以了解到现在我国各民族传统体育活动因地域的不同而各具特色,地域性特征鲜明。同时,我国政府现在非常重视民族传统体育活动的开展,并从各方面予以扶持,这就极大地促进了民族民俗体育的发展,使各民族体育活动如火如荼地开展。

(二)民族体育和竞技体育逐渐结合

在我国独特的历史文化背景下,民族传统体育逐渐产生,一步步发展到今天,取得了骄人的成绩。民族传统体育和我国民族传统文化之所以能够获得一致的发展,主要是因为民族传统体育具有独特的文化特征及丰富的文化内涵。然而,随着我国传统文化的繁荣发展,民族传统体育的竞技特征越来越突出,可以说,民族传统体育在不断融合竞技体育特点的基础上获得了发展,民族体育与竞技体育的融合将愈发多元与深入。

(三)理论研究落后于实践发展

目前,我国民族传统体育发展的制约因素表现在很多方面,而理论科学研究匮乏是其中一个非常重要的影响因素。在古代,我国关于体育的著作非常少,因此前人难以从理论上对我国民族传统体育展开深入研究。古代关于民族传统体育的学术认识多是一些简单的总结和描述,而且偶尔出现在典籍传志中,这些远远无法使我国民族传统体育的发展需求得到充分满足。

近代,在西方体育影响下,我国开始着手科学研究民族传统体育的工作,但这一历史时期的研究也只是相关爱好者的自发研究,没有系统的组织,所以我国民族传统体育的理论研究也没有取得很大的进展。直到 20 世纪末,教育部承认民族传统体育是一个独立的专业,但当时这方面的研究范围仍然较窄,层次也不高,对研究工作进行统一协调与领导的专门学术组织还较为缺乏,因此制约了我国民族传统体育的理论研究与发展进程。虽然现在我国对于民族传统体育的研究越来越重视,而且研究广度与深度都有增加,并取得了一些研究成果,但由于历史的影响,整体还处于初步发展阶段,而且与民族传统体育的发展实践相比明显落后。

(四)在学校教育中的开展力度不足

在我国民族传统体育发展中,学校教育是一个非常重要的平台,传统体育有众多的传播源,而学校教育对民族传统体育的传播是其他任何形式都无法取代的。为了更好地发展我国民族传统体育,必须重视其与学校教育的融合。现阶段,篮球、足球、游泳等项目在我国各级学校体育教育中已经成为非常重要且深受学生喜爱的教学内容和课外活动内容,相比而言,学校开展的民族传统体育活动较少。而且,在应试教育残留因素的影响下,我国学生迫于升学压力,不得不将锻炼的时间用于学习文化知识,学校也出于对升学率的考虑,缩减了体育课的课时,或者是有名无实,因此难以借助学校这个传播平台充分弘扬中华民族传统体育精神与文化。

(五)民族传统体育发展的不平衡

民族传统体育在发展中受很多因素的影响与制约,这些因素主要可归为内部因素(如活动组织形式、参与人数、社会功能等)与外部因素(如自然环境、社会领域等)。在内外因素的影响下,不同地区民族传统体育在发展形态与流传范围等方面都存在着一定差异。而且,影响因素的多样性与层次性也造成了民族传统体育的不平衡发展态势。

我国民族传统体育发展的不平衡主要从以下两个方面体现出来。

1. 发展形态

在发展形态上,不同民族的传统体育项目各有特点,各项目的发展存在不同程度的差异。例如,武术、围棋、摔跤、毽球等民族传统体育项目取得了较好的发展,而且在发展中建立了广泛的群众基础,活动规则也在不断健全和完善,相关活动开展得较多,总之发展较为成熟。而木球、抢花炮、珍珠球等传统项目相对来说,至今仍不温不火,流传范围小,发展形态还不成熟。

2.流传范围

不同民族传统体育项目的开展范围与影响力也有差异,这从参与人数上就能体现出来,以这些因素为依据,可将民族传统体育分为以下三类:

第一类,在全国广泛开展且国际影响力较大的项目,武术、毽球、龙狮等。

第二类,在某个民族广泛开展,但影响力还未遍及全国的项目,如民族特色鲜明的赛牦牛(藏族)、叼羊(维吾尔族)、打毛毽(苗族)等。

第三类,在某一地区开展,参与人数少且影响力较小的项目,这类项目以少数民族传统体育项目居多。我们还需进一步挖掘与整理这类项目,从而扩大其流传范围,提高其影响力。

二、我国民族传统体育各类项目的发展情况

下面主要分析我国具有代表性的几类民族传统体育项目的发展情况。

(一)健身、娱乐类项目的发展

我国民族传统体育具有突出的健身、娱乐价值,因此健身性和娱乐性成为我国民族传统体育的重要特性。在我国民族传统体育发展初期,大多以休闲、健身为主。经过一段时间的发展,诸多民族传统体育项目,特别是健身价值、娱乐功能突出的项目,顺应了历史和社会的发展潮流,融入广大人民群众的日常生活中。

我国幅员辽阔,区域经济发展存在明显差异,再加上民族众

多、传统体育项目地域分布较广,因此我国各地区、各民族的健身、娱乐类传统体育项目的活动形式、社会地位和发展状况也存在一些差异。下面简要分析具体项目的发展。

1. 大众流行的健身娱乐项目

大众流行的健身娱乐民族传统体育项目主要有中华养生术、传统武术、中国象棋、放风筝、踢毽子、跳绳、拔河等。

这类民族传统体育项目以大众健身和休闲娱乐为主要目的,呈现出动作易操作、设备简单、不受时间和空间限制、便于推广等鲜明的特点,多在普通社会大众之间开展,是我国全民健身的主要内容。

2. 以地域发展为主的项目

以地域发展为主的民族传统体育项目主要有苗族的爬花竿、壮族的拾天灯、蒙古族的叼羊等。

这类民族传统体育项目以地域发展为特点,与当地的风俗传统较为贴近,具有鲜明的民族特色,所以还没有广泛普及,仅局限于在某一地域或某些地区范围的少数民族群众中发展。

3. 以地方协会组织为主的项目

地方协会组织的民族传统体育项目活动主要有武术协会开展的武术交流大会、登山协会开展的登山旅游活动、围棋协会开展的围棋比赛等。

这类民族传统体育项目以地方协会组织为主,是社会不同团体成员有组织地参与的一类活动,属于常见社会活动形式之一,其目的是健身、娱乐、交流等。

4. 以节日、集会为主的项目

以节日、集会为主的民族传统体育项目活动主要有潍坊风筝节、苗族拉鼓节、温县国际太极拳年会、蒙古族的那达慕大会、地方和全国性的舞狮大会等。

这类民族传统体育项目主要在各种节日活动和集会活动中开展,形式多样、内容丰富、影响广泛,多用于营造节日气氛、提高愉悦情绪。

(二)竞技、表演类项目的发展

在民族传统体育漫长的发展历史中,由于受社会各种因素以及西方竞技体育的影响,其竞技性越来越突出,部分民族传统体育项目更是直接走向竞技行列。

受国际体育竞技化趋势的影响和奥林匹克"更快、更高、更强"竞技体育宗旨的启发,一些民族传统体育逐渐发展成为与西方体育模式近似的竞技类体育项目,更有一些民族传统体育项目成为竞技强、组织规范的现代化体育运动会的比赛项目。

目前,我国对少数民族传统体育运动会及民族传统体育比赛的举办十分重视,有关部门出台了一系列相关政策,进一步推动了一些竞技性较强、表演价值较高的项目走进各种类型的运动会,甚至还专门举办单个民族传统体育项目的运动会,如武术表演大赛、全国大学生武术比赛、全国武术套路和散手比赛、全国舞龙舞狮比赛以及其他形式的邀请赛、对抗赛、争霸赛等。经过长期的发展,民族传统体育中的新竞技项目越来越多,因此比赛也随之不断举办,如全国散手比赛、太极推手比赛、国际武术比赛等。此外,经过国家有关部门的不断修改和制订,各项目竞赛规则日益完善、比赛成绩的量化、客观评判日益成熟,这对我国武术事业及民族传统体育的竞技化发展都起到了极大的推动作用。北京奥运会的成功举办,为民族传统体育的发展带来了良好的机遇,以武术为代表的民族传统体育正式向国际体育盛会行列迈进,吸引国际体育人士的广泛关注。

我国以竞技和表演为主的民族传统体育项目的训练主要集中在各省区专业队、省市竞技体校、院校表演队和省市民族传统体育项目训练基地,民族传统体育各个项目的科学化训练体系尚未形成,除了武术竞技项目建立了相对健全的训练体系外,其他项目还没有达到专业性训练的水准,我国民族传统体育的专业训练整体还需要进一步发展和完善。

在我国民族传统体育项目中,武术、舞龙、舞狮的专业化训练体系较为完善,而木球、珍珠球、打陀螺、赛马、秋千、射弩等项目的训练还不成体系。因此,在民族传统体育的竞技化发展中,要努力改变以武术等少数项目为主的尴尬局面,对其他具有竞技性的民族传统体育项目进行深入挖掘和改革,快速建立我国民族传统体育各个项目的训练体制并不断加以完善,使各个民族传统体育项目在保留自身特色和民族风格的基础上充分适应当前的竞技化潮流,从而实现进一步的发展。

(三)学校教学类项目的发展

我国民族传统体育具有重要的健身功能、娱乐功能和教化功能。因此,将部分适合的民族传统体育项目融入学校体育教育,不仅可以丰富学校体育教学内容、促进校园体育文化建设,还有利于促进学生的身心健康发展。

经过我国有关部门及学校的共同努力,目前已有一部分民族传统体育项目列入学校体育教材中,如《九年义务教育体育教学大纲》中将武术、八段锦、五禽戏等被列入全国中小学体育教学中。一些高等院校体育院系还开展了摔跤、围棋等民族体育项目课程,有些体育院校还专门开设了民族体育专项保健课程。其他一些民族传统体育项目,如木球、踢毽子、秋千、射箭、赛马、摔跤、龙舟等也被一些少数民族地区列为学校课外体育锻炼项目。发展到现在,我国民族传统体育已成为全国和地方各级学校体育教育的重要教学内容与活动内容。

整体分析来看,我国民族传统体育在学校体育教学中的发展表现在以下两个方面:

(1)汉族和汉族居民分布较多的地区各级学校中,民族传统体育教学内容大多是比较普及的民族传统体育项目,如跳绳、拔河、踢毽子等,这些项目多在我国华北平原地区的学校中开展。

(2)少数民族地区和少数民族分布较多的地区的各级学校中,民族传统体育教学内容大多是本地少数民族特有的项目,如内蒙古地区学校开展"角力运动"、西藏地区的学校开展"民族舞蹈"等。

由于我国学校的地域分布不同,因此各校开展的民族传统体育项目也不统一,各学校之间的体育教育存在严重分离的问题,一些民族传统体育项目逐渐消失和消亡,这对于具有地域特征的民族传统体育项目的传承和发展极其不利。因此,在接下来的发展中应推动各地区、各学校间民族传统体育教学的互通和协调发展,从而促进我国学校民族传统体育教学水平的整体提高。

三、对当前我国民族传统体育发展趋向的思考

中华民族传统体育是中华民族发展的必然。民族传统体育的起源与原始人类的生存和生活密不可分,在中华传统思想和文化的影响下,民族传统体育呈现出鲜明的特色,同时,现代社会发展的时代性也能够从中体现出来。

经历长期的历史承袭、演变后,我国民族传统体育正在以时代和民族的需求为依据探寻新的发展契机,旨在从传统向现代过渡,进而合理继承与充分汲取外来体育文化的精髓,有效改进和完善民族传统体育的文化结构,将与时代特征契合且民族特色鲜明的现代体育文化形态创造出来。

我国少数民族体育形式绚丽多彩,这反映了少数民族对生命价值的狂热追求,发展民族传统体育有助于强化民族情感,增强民族向心力,弘扬爱国主义精神。可见,在社会主义现代化建设中,民族传统体育发挥着重要的作用,有力促进了全民健身活动的开展和民族整体素质的提高。社会的进步与时代的发展要求各民族传统体育在坚持传统特色的基础上继续追求突破和变化,实现新的优化与发展,最终与世界体育文化交汇,共同繁荣,在东西方文化交流与融合中将自身独特的魅力展现给世人。

总的来说,从当前我国民族传统体育的发展情况来看,我们可以总结出以下几条发展趋向。

（一）民族传统体育的发展空间更广阔

随着我国经济的发展与科技的进步,政府和有关部门在民族传统体育上投入了大量的资金与资源,不断完善民族体育设施,培养民族体育人才,这就为民族传统体育的发展提供了重要的物质基础和资源保障,使外部条件对民族传统体育的发展所造成的限制不断弱化。随着民族传统体育影响的不断深入,人们逐渐养成了参加体育锻炼的习惯,而且参与者的人数也在不断增长。为了满足不同参与者的需求,需要对民族传统体育项目进行有针对性地开发和开展,而这又会进一步扩大民族传统体育的发展空间。

民族传统体育运动比现代西方竞技运动的资源更丰富、内容更宽广,对于不同运动层次的人而言都非常适合,民众基础极其广泛。民族传统体育是"土生土长"的体育形式,简便易行而且实用,所以对场地器材等基本设施的要求不高。每个人都能够在最简单的环境和条件下参与锻炼。以武术为例,武术基本功适合儿童练习,长拳、少林拳等套路适合青少年练习,太极拳适合中老年人锻炼。武术练习几乎不受场地器材等基础设施的限制,在室内、室外任何平坦的场地练习都可以。武术器械多样,但如果不具备条件,可以找其他物品代替,如棍代枪,木代剑等,同样可以取得良好的锻炼效果。

（二）民族传统体育的发展更科学、规范

随着社会的进步及现代体育的不断发展,我国对民族传统体育的改革将继续深入,民族传统体育管理方面也会更加科学、规范,从而推动民族传统体育不断完善,推动一些民族传统体育项目的竞技化发展。但在竞技化改革与发展中,传统体育的本质特征保留不变,主要是使这些体育项目向着公平、公开的方向发展;

使其技战术训练向着科学、规范的趋势发展;管理制度向着更加合理与完善的方向发展。为了与世界体育的发展趋势保持一致,我国民族传统体育应参照现代体育的发展规律,逐步走出区域、走向世界,不断提高自身的造血功能与整体水平。

(三)阻碍民族传统体育发展的不利因素依然存在

在封建社会时期,一些民族传统体育项目逐渐形成,并一直延续与发展至今。现代社会发生了巨大的变化,人们的生活方式也随之不断调整,尤其在工业革命以后,随着经济一体化趋势的加强,主流体育文化开始侵蚀与冲击边缘体育文化,当某个地域的经济都发展之后,地域人民的生存观念和生活方式就会发生相应改变,这也是我国一些少数民族无形文化不断消亡和流变的主要原因。

民族传统体育属于边缘体育文化,受主流文化冲击与侵蚀的程度比较严重,部分民族传统体育项目甚至有灭亡的危险。为了避免民族传统体育走向灭亡,人们对其进行改造,使其成为现代性的体育运动,但事实上这反而加速了这些民族传统体育项目的衰微。例如,人们以现代性体育运动的标准改造传统武术,从而加速了传统武术的没落,传统武术作为我国非常重要的民族传统体育文化遗产,面临着"人工化、商业化、建设性"破坏,因此才会濒危。虽然对传统武术进行改造是为了加强民族传统体育文化遗产的弘扬和继承,但不可否认的是,这在一定程度上确实对传统武术造成了破坏。民族文化历史的特色以及民族文化的内涵和基本精神是民族传统体育存在的根本动力,如果将这些本质的东西抛弃掉,民族传统体育便成了无根之木,无源之水。

在我国民族传统体育的漫长发展历史中,因为受封建观念、迷信活动等历史因素的影响,融入了一些糟粕,也表现出一些劣势,但其中的精华和优势也不容忽视,可以说民族传统体育是糟粕与精华并存,优、劣势共在,这种状况制约了民族传统体育的进一步发展。因此,要及时扫除不利因素,保留精华、去除糟粕、发挥优势、取长补短,促进民族传统体育的可持续健康发展。

第三节　我国民族传统体育发展的策略

在体育强国战略背景下,需大力发展民族传统体育,充分发挥其基础作用,为早日实现体育强国战略目标而做出贡献。下面详细探讨当前我国民族传统体育发展中可采取的科学而有效的策略。

一、保障民族传统体育的传承

我国体育强国战略的实施及全民健身活动的开展对传承与发展民族传统体育来说是一个很好的机遇。当前,民族传统体育的传承内容、途径和方法基本已明晰,在此基础上,需要做好传承保障工作,促进民族传统体育传承的顺利实施,提高传承效果。

(一)制定战略性规划

民族传统体育传承是一个系统庞杂的工程,涉及众多的人、物和财等资源,任重道远,不可能短时间内取得成效,切忌操之过急,所以需先将长远发展规划制定出来,这既是民族传统体育传承的前提条件,也是基本保证。我国有关部门应针对民族传统体育的基本性、长期性及整体性问题思考并设计民族传统体育的长远发展规划和实施方案。方案要有轻重缓急,要有可行性与可操作性。一般来说,方向和目标、约束和政策、计划与内容是构成长远发展规划的三个基本要素,从这几个要素出发进行设计。

1. 抓主要矛盾,突出特色,重视关键环节

(1)抓主要矛盾。明确我国民族传统体育发展中的主要矛盾和次要矛盾,重点解决主要矛盾,具体应做到:第一,民族传统体育的传承理念要鲜明。第二,民族传统体育的传承定位要准确。第三,民族传统体育的传承规划要合理。第四,民族传统体育传

承的舆论导向要正确。

（2）突出特色。在发展规划中要充分体现这些民族传统体育的特色：第一，民族传统体育的文化底蕴。第二，民族传统体育的人文精神。第三，民族传统体育的管理模式。第四，民族传统体育学科优势。

（3）强调关键环节。第一，将民族传统体育传承过程中各行业、各组织、各部门的关系协调好。第二，将民族传统体育传承中相关业务领域的关系处理好。第三，促进民族传统体育传承系统的优化，提高传承程序的规范性，将各方面工作协调好。

2. 正确处理下列关系

（1）妥善处理规模、质量、结构、效益的关系。

（2）恰当处理改革、发展、稳定的关系。

（3）科学处理制定规划的稳定性和实施规划的动态性之间的关系。

（二）充分发挥政府的作用

历史和现实充分证明，为了确保民族传统体育传承工作开展方向的准确性，保障传承效果，需要政府行政介入，充分发挥政府的作用。民族传统体育的生存、传承与发展如果离开政府的政策支持，就有被边缘化的危险，从而无法将其最本质的东西保留下来。政府制定的政策是民族传统体育的传承和发展可靠的保障。

（三）加强对专业人才的培养

提高人的素质是促进民族传统体育传承、管理与发展的关键环节。目前，我国严重缺乏民族传统体育传承管理人才，现有人员缺乏专业素质，在传承与管理工作中力不从心，无法达到相应的条件与要求。对此，我国应贯彻"请进来、走出去"的方针，创造良好的人才培养环境与条件，为培养优秀人才提供支持。

此外，我国还应该不断扩大培养对象，对新的人才培养渠道深入挖掘,丰富培养内容,创新培养方式,这样才能促进人才培养效果的提高,才能更好地满足民族传统体育传承的需求。具体应做好以下几个方面的工作:

(1)加强对民族传统体育人才的教育培训。

(2)采用多种有效的方式进行人才培训,不断推进培训方式的创新,促进民族传统体育专业人才质量的提高。

(3)经过一段时间的培养后,鼓励人才在实践中锻炼,提高专业人才的实践能力。

(四)建立并完善管理体系

在民族传统体育传承中,必须加强管理,建立与完善管理体系,从而对传承的整个局面进行更好的掌控与协调,有条不紊地开展各项传承工作。建立民族传统体育传承的管理体系,主要涉及以下四个方面的内容。

1. 组织机构

成立组织机构,明确各组织的职责、权限,对各组织的关系进行协调。

2. 程序

程序是管理过程运行和开展管理活动的依据,需要有明确的方案,以文件的形式呈现。

3. 过程

过程是开展民族传统体育传承管理工作经历的程序、阶段,是最重要的一个环节。

4. 资源

资源则包括财力资源(资金)、人力资源(传承人和传承对象)、物力资源(器物、资料、技术等),注意不能浪费任何资源,应将现有资源充分利用起来。

二、加大民族传统体育保护力度

（一）强化民族传统体育文化的国家认同

在我国，国家认同是新生词汇，学术界对其还没有一个统一的界定，对国家认同内涵与外延的研究更是百家争鸣。当国家认同与特定时代文化元素相互接触与联系时，宏观调控和主导文化元素的特权就会被赋予国家。一旦发挥国家特权，国家将会运用科学化策略将文化元素符号形式与价值意蕴有效呈现出来。以此将全民的集体意识和国家认同感激发出来。

国家认同与族群认同是相互联系、相互包含的。在特定的国家政治空间内研究族群文化时，族群认同就带有国家属性。当国家认同与族群认同融为一体，就会产生文化统一性。但是，族群认同要比国家认同的层次低。族群认同注重的是民族个体化，而国家认同是对民族统一性的强调。一旦族群认同居于主导地位，就会危害到国家的稳定、安定与团结。维持与国家认同的地位，有助于构建"平等、团结、互助、和谐"的社会主义民族关系。

（二）动员社会各界力量来保护

民族传统体育的传承与保护任重而道远，只靠国家、政府及传承人，很难取得理想的效果。因此，必须动员社会上一切可以动员的力量，集中各方面进行保护，使各种保护力量都能够发挥自己的价值与作用。

1. 发挥大众传媒的作用

现代大众传媒手段丰富多样，不同传媒手段都有自己的优势与独特性，但也有缺陷与不足。因此，必须将各种传媒手段充分利用起来，取长补短，扩大传媒的社会号召力，引导大众科学参与民族传统体育运动，实现全社会覆盖目标，进而推动民族传统体育的发展。

2. 加强对全国少数民族传统体育运动会的改革

全国少数民族传统体育运动会的主体是少数民族,不包括汉族,所以在这一运动盛会上看不到汉族传统体育项目,这制约了民族传统体育文化的整体传播和发展。对此,需加强赛制改革,将汉族传统体育项目融入其中。

3. 健全并完善以运动会为周期的竞训体制

与现代运动训练相结合是现阶段我国民族传统体育项目竞技化发展的主要路径。因此,要建立专门的民族传统体育训练与竞赛体系,并不断加以完善,对优秀的民族传统体育运动员进行培养。

(三)重点保护非物质文化遗产

在推动民族传统体育发展中,关键是要保护好民族传统体育非物质文化遗产,主要从以下两个方面着手。

1. 拓展公众参与渠道

人民群众是民族传统体育保护的主体,他们的文化素质直接影响保护与传承结果,因此需不断提升人民大众的文化素质,拓展他们参与保护的渠道。

(1)大力发展全民健身,发挥民族传统体育的适应性优势,满足不同群体的需求。

(2)对不同民族传统体育项目的特色进行深入挖掘,建立各项目的专门运动场所,如俱乐部等,更好地为人们了解和参与民族传统体育提供机会。

(3)建立民族传统体育博物馆,在经营管理中借鉴中国武术博物馆的经营管理经验,使参观人员能够对民族传统体育的文化特征、文化特色、文化内涵有更加全面的认识和感悟。

2. 树立品牌

社会经济发展、人民收入增加及生活水平提高带来的直接影响就是,关注生存方式的人越来越少,而专注于文化享受的人越来越多。人们参与民族传统体育活动,不仅为了强身健体、修身养性,也是为了感受中华民族传统文化的特色与底蕴,但因为时空因素的制约,这一高层次需求很难通过简单的民族传统体育活动而得到充分满足。鉴于此,需树立品牌意识,创建民族传统体育非物质文化遗产的专门品牌,如建设民族传统体育产业园区、民族体育休闲区等,将民族传统体育的休闲性、娱乐性及趣味性等优势充分发挥出来,使大众在参观与欣赏的过程中真实感受中华民族的风土人情、风俗习惯及博大精深的民族文化。

(四)融入城市化发展

城市化是社会主义现代化发展的一个重要特色,民族传统体育的现代化发展需要以城市为依托,其只有融入城市化发展,才能获得更广阔的发展空间。融入城市化对保护与发展民族传统体育的意义主要体现在:

(1)城市的综合文化发展水平高,文化融合力也很强,而且具有强大的文化辐射功能,利用这些优势发展民族传统体育,可促进民族传统体育文化品位的提高,使民族传统体育在更大范围内传播,提高民族传统体育的影响力。

(2)城市社会组织很多,发挥这些组织力量,开展形式丰富的民族传统体育活动,营造良好的民族传统体育活动氛围,对传承和保护民族传统体育具有重大意义。

三、科学规划民族传统体育的产业化发展

(一)坚持市场导向作用

我国民族传统体育项目丰富,要推动民族传统体育产业化发

展,首先要实现民族传统体育项目的市场化。现代人对体育的需求较之前有了明显变化,而民族传统体育的产业化发展必须与人们新的需求相适应,这就要求科学而合理地开发与改造我国民族传统体育,并加大创新力度,在保持民族特色的基础上,使民族传统体育与产业市场的需求达成一致。此外,在改造过程中,要考虑效果和目的,即经过改造要方便以产品的形式对民族传统体育进行分类,这主要是为了将民族传统体育分阶段推向市场,从而有序推动我国民族传统体育产业化发展。

全民健身活动的开展对我国发展民族传统体育产业是一个很好的机遇。为了迅速推进民族体育项目的普及化与市场化,我们需要建设活动场馆,成立相关组织,为民族传统体育的发展提供基础保障,使民族传统体育能够真正融入大众日常生活。总之,以市场为导向建设基础设施,成立组织,能够更好地扩大民族传统体育在社会中的影响,从而推动其产业化发展。

(二)建立民族传统体育俱乐部

当前,我国职业体育俱乐部发展速度在不断加快,这对体育产业的发展起到了积极的推动作用。现阶段,我国职业体育俱乐部的经营与管理方式非常多,如冠名权经营管理、赛场与队服广告经营管理、商业性比赛经营管理、门票经营管理、标志产品经营管理、电视转播经营管理等,可见体育产业的发展也有效带动了其他相关行业的发展。我们可以借鉴其他体育俱乐部的成功经验组织并管理民族传统体育俱乐部,使民族传统体育能够尽快走进人民生活,更好地为人民大众服务。

(三)构建民族传统体育产业信息化平台

现代市场经济竞争激烈,一项产业能否获得稳定的生存空间,关键要看其是否建立了信息化平台,这就要求在民族传统体育产业发展中综合时代特色,建立网上信息化服务平台,将信息的导向作用充分发挥出来。同时将民族传统体育的比赛、产业合作等相关信息上传到网站,为社会大众进行民族传统体育消费提供信息服务。构建专门的网络平台还有利于发展电子商务,这样民族传统体育产业服务档次也会得到提升。

(四)发展民族传统体育旅游

1. 把握政策规制,创造民族传统体育与体育旅游的融合平台

民族传统体育和体育旅游产业属于系统性工程,要想顺利完成这项工程,政府部门、相关企业、旅游景区、城乡等多项因子必须相互配合。相关政府部门要保证各项政策的灵活性,妥善处理管制的放松和收缩问题,积极主动完成引导者、规范者以及协调者相互转换的工作,由此通过各项因子之间的相互协作、相互配合产生积极的作用。

2. 培育市场,解除需求障碍

市场能够为民族传统体育与体育旅游的融合提供根本动力,因此要积极培育民族传统体育旅游市场,科学构建以民族传统体育为主题的旅游园区,打造出民族传统体育旅游品牌,提升民族传统体育旅游产品的互动性、体验性以及参与性。此外还要加强体制突破以及相关机制的革新,设法使市场与政府的作用发挥至最大限度,正确引领社会资本大力开发有关民族传统体育旅游的新型产品以及新兴业态。利用多种有效途径使体育旅游消费者更加认可崭新的民族传统体育旅游产品,同时引导他们做出最合理的消费行为。

3. 注重科技创新,提升旅游企业的核心能力

核心能力是旅游企业持续竞争的优势来源,具备核心能力的旅游企业在旅游市场上具有一定的竞争优势。崭新科学技术的支持作用是当今旅游业必须依托的关键性要素之一,先进的科学技术能够缩短广大游客的旅行距离,节省旅行时间,并能够提升

体育旅游业的服务水平以及运营管理效率,从根本上增加体育旅游的市场份额。由此可见,体育旅游企业应定期分析并掌握市场的最新需求,立足于多个层面对具有发展潜力的可用之才进行深入挖掘,大力培养拥有创新意识和创新能力的高素质人才,在多个学科领域构建相关研究机制和再教育培训机制,由此从根本上增强吸收并转换相关企业成果的能力和运用崭新科学技术的能力,促进企业核心能力的优化升级。

四、坚持走可持续发展之路

只有坚持可持续发展观的引导,坚定不移地走可持续发展之路,我国民族传统体育才能走得更好、更远,从而才能更好地在体育强国战略实施中发挥重要的基础作用。我国民族传统体育的可持续发展战略如下:

(一)促进民族传统体育的技术发展

促进民族传统体育的技术发展是民族传统体育可持续发展的核心,要大力继承与传播民族传统体育技术,同时要科学挖掘、整理、改革并创新民族传统体育技术,使民族传统体育技术真正为民所用,扩大民族传统体育人口,促进民族传统体育健身、娱乐、教育等多元功能的充分发挥。

(二)提高民族传统体育工作者的经济收入

在民族传统体育发展中,要使广大民族传统体育工作者感到自己的工作具有重要的社会价值和意义,另外,要满足工作人员实现自我价值的需求,给其提供良好的待遇,激发他们以高度的责任感和强烈的使命感投入民族传统体育传承与发展工作中。

(三)举办多种形式的民族传统体育竞赛

通过组织和举办不同形式与类型的民族传统体育竞赛,不仅可以为民族传统体育产业化发展做宣传,而且还能提高运动员的训练水平。散打王争霸赛是民族传统体育竞赛发展中可借鉴的范例。此外,要在合理规则的引导下,通过举办民族传统体育比赛带动相关产业发展,进而促进民族传统体育可持续发展。

(四)做好理论科研工作

理论的思维是民族传统体育站在科学最高峰的基础。近年来我国对民族传统体育学科的研究较为重视,但与现代化体育项目的科研成果相比,民族传统体育的科研还处于自发盲目的状态,而且理论研究严重落后于实践,与实践发展形成了明显的反差,此外理论研究不足也制约了实践的发展。为此,必须积极加强民族传统体育科研工作的开展,为规范民族传统体育技术,继承与创新民族传统体育,推进民族传统体育可持续发展奠定坚实的理论基础。

(五)优化学校民族传统体育教育质量

将民族传统体育融入学校体育教学,开展民族传统体育教学,能够有效发挥学校传承民族传统体育文化、培养民族传统体育人才的作用,从而有力推动民族传统体育的发展。为了保证民族传统体育教育的质量,需切实做好以下工作:

1. 增加资金投入

开展民族传统体育教学工作,不仅需要积极鼓励学生参与,更要建设一批合格优质的师资队伍,这就需要加大资金上的投入力度。目前,我国一些学校还没有对民族传统体育课程进行开设,已经开设了该课程的学校缺乏高素质的专业教师,这说明校领导对民族传统体育课程不够重视,只是口头上谈发展,而不愿投入资金来支持。

为了促进民族传统体育在学校的进一步发展,学校需从资金上保障这类课程的开展与实施,投入一定数额的资金来进行场地设施建设,引进优秀的民族传统体育教师,否则在设施不足、师资短缺的情况下是很难开展民族传统体育教学工作的,更谈不上提高教学质量了。

2. 因地制宜开展民族传统体育项目

开展民族传统体育课程教学工作,首先要对学生的心态和心理有详细的了解,这是基础和前提;此外,具体开展什么项目,还要依据学校自身的实际情况来定。也就是说,学校开展民族传统体育项目需要遵循客观性原则,这不仅是为了落实素质教育,提高学生的体质,也是为了普及与传承民族传统体育文化。所以,在具体教学过程中,学校应尽可能顾及不同教学对象的特点,在综合考虑各方面客观要素的基础上因地制宜地开设各类民族传统体育项目教学,使学生有选择的空间。

五、加强民族传统体育的国际化传播与发展

世界文化丰富多样,任何民族文化都是世界文化的重要组成部分,属于全人类。多样性的世界文化使各国在文化交流中取长补短,同时也使人类文明成果的共享目标得以实现。体育全球化要求东西方体育文化相互借鉴和学习,从而共同进步与发展。

我国传统体育文化博大精深,丰富多彩。在文化大发展、大繁荣背景下,我国要在世界范围内进一步传播与推广中华民族传统体育文化,使其与国际社会发展的需要相适应,在传播中要保持独特性,从而使世界体育文化更加充实与丰富。

在现代社会中,民族传统体育的国际化传播与发展与世界体育全球化发展趋势及理念是相符的,这对我国民族传统体育文化及世界体育文化的和谐发展非常有利。我国民族传统体育充满个性魅力,对世界体育文化的发展有重要影响。因此,我国民族传统体育必须走向世界,在国际化背景下实现新的突破与发展,提升体育国际地位,为体育强国战略实施打下坚实基础。

第八章 体育强国实现路径之体育产业的发展

在我国大力建设体育强国的背景下,体育产业在发展过程中迎来了诸多发展政策的支持。我国体育产业应当牢牢抓住各项发展的机遇,提高自身的核心竞争力,加快升级和转型的速度,从而为我国实现体育强国目标助一臂之力。为此,本章以体育强国背景下的体育产业为研究对象,逐一对体育产业基本理论、我国体育产业现状、我国体育产业发展战略进行详细阐析,力求为体育产业的发展提供理论指导。

第一节 体育产业基本理论

一、体育产业的提出

20 世纪 80 年代以前,我国普遍把体育视为一项社会福利事业,所以在此之前只有"体育事业"的概念,"体育产业"概念是不存在的。直至 20 世纪 80 年代中期,我国才出现了"体育产业"这一概念。随着国家社会经济的发展和经济体制改革、产业结构的调整和产业分类与国际接轨,1985 年在我国经济统计中开始采用联合国及世界大多数国家所采用的三次产业分类法,在国务院《国民生产总值计算方案》中,把体育与教育、文化、卫生等部门一道列入第三产业中的第三层次,即"为提高科学文化技术水平和居民素质服务的部门"。

与此同时,对外开放使我们了解到发达国家体育运动的运行状况,特别是1984年洛杉矶奥运会的商业运作和美国、欧洲等体育俱乐部的运行模式,对我们思想观念的冲击很大。我国确定的向市场经济转轨的经济体制改革方向,使体育在一定程度上走市场化的道路。在这种情况下,我国经济统计部门、经济学界和体育界开始广泛关注"体育产业",体育产业的相关问题成为学术界探讨的热门话题。

二、体育产业的概念

体育产业是随着社会经济的不断发展而出现的一种新的产业形态,它是体育运动由原来自给自足的自为模式向组织化、生产化、消费化和盈利化的产业运营模式转变的产物。

综合分析国内外专家和学者关于体育产业的研究成果,能把体育产业的概念划分成广义的概念和狭义的概念。从广义上来说,体育产业是指全社会提供体育产品的企业、组织、部门和活动的集合,包括体育服务业和体育相关产业两大领域;从狭义上来说,体育产业是指以体育劳务形式为消费者提供体育服务产品生产的企业、组织、部门和活动的集合。总而言之,体育产业就是生产和经营体育商品的企业集合体。

三、体育产业的属性

体育产业是在现代市场经济条件下形成的一种产业形态,可以说,体育产业是在市场经济条件下,体育活动组织专业化、参与消费化、运作盈利化孕育的新型产业形态。它的外显形式是体育商品的不断涌现,以及体育经营企业的不断扩张。但是判断体育产业属性的关键在于其价值内核,因为价值内核决定了体育产业的存在与发展,如果体育产业没有了价值内核,则体育产业将不复存在。基于此,可以判定体育产业的基本属性只能是隶属于第三产业的现代娱乐业。

与此同时,体育相关产业中还有很多实物性商品,具体包括体育服装和体育器材等。判定这些实物性商品是否属于体育产业应当依照体育产业的概念来判定。首先,体育服装、器材等实物性产品都是围绕体育活动而开展的,二者有着明显的主副关系,体育物质产品的生产经营作为主业配套而存在并不构成对体育产业本质的否定;其次,世界上所有的国家都将体育服装、器材等的生产和经营排除在体育产业之外,这已经形成了一个共识。

除此之外,许多国外学者指出,判定体育服装、器材等实物产品是否属于体育产业的关键在于使用此种产品的意图和此种产品的最终市场。社会大众使用体育服装、器材等实物性产品的根本意图是进行体育活动,而这些产品最终的市场也属于体育消费市场,所以说应当把这些体育实物产品归入体育产业。

综上所述,在认识和理解体育产业基本属性时要做到透过现象看本质。具体来说,一方面,要坚持质的规定性,即坚持娱乐业是体育产业的基本属性;另一方面,要坚持体育产业上下游之间的天然联系,不能把体育产业只限定在只提供体育服务产品的一维空间。如此才能更加精准地掌握体育产业的本质属性,有效推动我国体育产业的发展进程。

四、体育产业的内容

根据众多专家及学者对体育产业概念的界定,可以将体育产业的内容分为体育服务业和体育相关产业两大类。体育服务业主要由健身休闲体育服务业、竞赛表演体育服务业、职业体育服务业、体育经纪服务业、体育广告培训服务业、体育旅游服务业、社会体育服务业以及公共体育场馆服务业等构成;而体育相关产业则主要由体育用品制造业、体育彩票销售业、体育广播、新闻出版业等构成。体育服务业和体育相关产业都是体育产业的关键组成部分,都在很大程度上影响着体育产业的发展进程。体育产业的内容构成如图 8-1 所示。

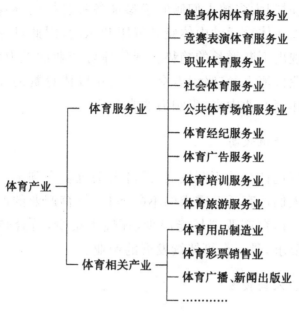

图 8-1　体育产业的内容构成

五、体育产业的特征

体育产业的特征十分鲜明,但发达国家体育产业和我国体育产业的特征有很大差异。

(一)发达国家体育产业的特征

1. 商业化程度较高

目前,体育产业进入了一个快速发展的阶段,体育产业渗透到社会生活的各个方面、各个行业之中。而体育产业的高度商业化是其发展的主要特征之一。以美国 NBA 职业篮球联赛为例,NBA 是迄今为止最成功的体育经济产品之一,NBA 利用多年积累下来的完善的市场运作、成熟的商业理念、全方位的产品包装等将其商业帝国成功地推向全世界。

2. 影响力相对广泛

随着现代文明的不断发展,人们对体质健康提出了更高的要求,在业余时间大多数人们倾向于参加各种各样的健身运动。由于人们可以在体育运动中体验到健康和乐趣,因此世界体育人口的数量呈现出不断增长的趋势。现代体育产业的魅力巨大,尤其体现在商业价值上,它吸引着众多的公司以体育赞助和广告的形式参与到体育产业中来,影响力非常广泛。

3. 产业产值较高

随着现代社会的不断发展,经济水平也上升到了一个新的高度。随着人们体育活动需求的不断增长,体育产业的产值也在不断地提高。体育产业消耗能源少,环境污染少,符合转变经济增长方式的要求,是一个可持续发展的产业。

4. 从业人数较多

因为体育产业的影响力比较广泛,所以体育产业同样是就业的一条重要途径,能够从某种程度上解决就业难的问题,因此其具备促进就业的特点。在体育运动朝着社会化、职业化、商业化方向发展的过程中,体育产业的国际化程度正在不断加强,体育产业必将在扩大内需,吸纳就业等方面,发挥巨大的推动作用。

(二)我国体育产业的特征

和西方国家的政治体制相比,我国是具有中国特色的社会主义国家,所以我国体育产业的特点难免会和西方国家体育产业的特点有不同之处。我国体育产业有体育事业和体育产业之分,具体特点如下。

1. 属性和特点的差异性

体育事业更注重社会效益,具有公益性和福利性,满足社会精神文明的需求是其主要任务;体育产业对经济效益更为注重,具有商业性质,谋求获利则是其主要目的所在。

2. 资金来源方面的差异性

我国现行的财税政策表现为:在财政方面,事业单位所需资金是由国家财政拨款,企业所需资金是通过自筹或由银行贷款;在税收方面,办事业不收税,办企业则交税。

3. 经济性质方面的差异性

事业经济的性质是产品经济,主要是靠行政指令来运行,在其运行机制中,以福利、公益和社会效益为主;产业经济的性质是商品经济,主要是靠市场调节来运行,其运行机制要求以经营为主,并在提高社会效益的基础上不断提高经济效益。

六、体育产业的分类

(一)国外对体育产业的分类

国外体育专家和学者就体育产业分类提出的观点主要集中在三个方面,可以把这三个方面的观点划分成三个模式。

1. 皮兹模式

皮兹模式是由学者皮兹于 1994 年提出的,这一模式把体育产业分为体育表演、体育生产、体育推广三个亚类。

2. 米克模式

米克模式是由米克于 1997 年提出的,这一模式把体育产业分为体育娱乐、体育产品、体育支持性组织三个部分。

3. 苏珊模式

苏珊模式是由苏珊于 2001 年提出的,这一模式把体育产业分为体育生产、体育支持两大类,其中体育支持类还可以扩展为政府内相关的体育机构、各级种类的体育协会、体育管理公司、体育媒体、体育用品的制造和销售、体育设施的建设与运营六个种类。

　　从整体来看,国外学者和专家划分体育产业类型的理论基础是当代西方社会经济条件下体育产业的生存和运作方式。在西方发达国家,体育产业发展较早,体育产业被普遍认知为向市场提供体育娱乐产品的行业,基于此,国外体育学者及专家对体育产业的分类基本上是按照体育娱乐产品的生产、营销、组织管理的业务流程的细分。他们对体育产业分类的思路基本相同,即按照体育娱乐产品的生产与管理流程划分,在这一前提下,体育产业系统主要分为体育生产子系统、体育营销子系统和体育支持保障子系统三个部分。

　　除此之外,还有一种划分体育产业类型的标准,即根据体育产业链上、下游的关系进行分类,基于此可将体育产业划分成上游产业、中游产业和下游产业。具体来说,上游产业是指体育产业的原产业,主要反映体育产业的原生态,包括健身娱乐业和竞赛表演业;中游产业是指间接为健身娱乐业和竞赛表演业服务的支持性产业,包括体育器材、体育服装、体育鞋帽、体育媒体、体育中介、体育培训、体育场馆运营、体育保健康复等;下游产业是指间接为上游和中游产业服务的相关产业,缺少下游产业并不会影响原产业的生存和运作,包括体育食品、体育饮料、体育旅游、体育建筑、体育博彩、体育房地产等(图 8-2)。

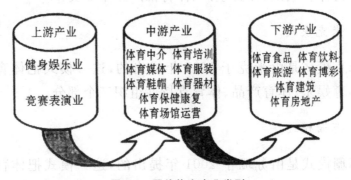

图 8-2　国外体育产业类型

　　参照体育产业链上、下游关系的划分标准和体育产业发展特点十分吻合,原因在于其主要阐明了体育产业是以体育活动为原点的生产、经营以及开发的产业链,进一步明确了体育产业和一般产业之间的关系,此外凸显了体育产业本身的特征。

在市场经济的大背景下,体育产业的发展速度与革新速度都很快。举例来说,群众体育中的体育活动因组织方式的变革而产生了健身娱乐业;竞技体育中的体育活动因竞赛组织的商业化和职业化的发展而产生了竞赛表演业。而围绕这两个主业,经过不断的变革与发展又产生了一系列衍生性的产业。在建设体育强国的背景下,发展我国体育产业一定要把群众体育和竞技体育的发展作为重中之重,原因在于这两个主业是体育产业得以发展的源头,上游产业发展良好是中游产业和下游产业顺利发展的基础。

(二)国内对体育产业的分类

国家体育总局颁发的《体育产业发展纲要》(以下简称《纲要》),将体育产业主要划分为体育主体产业、体育相关产业和体办产业等,这一划分方法是国内关于体育产业最为权威的划分方法。

1. 体育主体产业

体育主体产业是指由体育部门管理、能发挥体育自身价值和功能的、提供体育服务为主的体育产业经营活动。体育主体产业主要包括竞技体育产业、体育教育科技产业、群众体育产业、体育彩票和体育赞助等。

2. 体育相关产业

体育相关产业是指与体育有关的其他产业的生产和经营活动,如体育场地、体育器材、体育服装、体育食品、体育饮料、体育广告和传媒经营与管理等。

3.体办产业

体办产业是指体育部门为创收和补助体育事业的发展而开展的、体育主体产业以外的生产经营活动。《纲要》对体育产业的划分主要是依据体育商品不同的性质而对体育产业进行的分类，这项分类标准把体育产业划分成体育服务业和体育配套业。具体来说，体育服务业包括竞赛表演、健身娱乐、体育媒体、体育旅游、体育培训、体育博彩、体育中介、体育康复保健等；体育配套业包括体育器材、体育服装、体育鞋帽、体育食品、体育饮料、体育建筑等(图 8-3)。

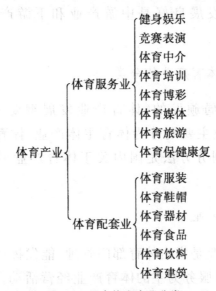

图 8-3 国内体育产业分类

《纲要》划分体育产业的优点体现在两个方面：一方面，突出了体育产业的概念与分类；另一方面，可操作性强，对培育和发展体育市场有积极作用。但这种分类方法也有不可否认的缺点，即这种分类是站在部门管理的角度上对体育产业的分割，以这项分类标准为理论基础，第一类和第三类产业是体育部门管得着的，第二类则是体育部门管不着的，所以说《纲要》划分体育产业的科学程度不高。

第二节　我国体育产业现状调查与分析

一、体育产业对国民经济的影响调查与分析

（一）体育产业对 GDP 的贡献调查

作为国民经济和社会发展中不可或缺的重要组成部分,体育产业在国际上的竞争力得到了进一步的提升,在经济的发展和人民消费水平的提高等因素的推动下,我国的体育产业取得了历史性的突破。在最近几年,我国体育产业总产值和增加值也逐年递增,体育产业对 GDP 的贡献率呈递增趋势。诸多数据都表明,体育产业在国民经济中占据的比重不断增大。

（二）体育产业对 GDP 的贡献分析

相较于发达国家,我国体育产业总产值在整个国民经济中的比例仍显得过小,还没有将其对国民经济的拉动作用充分发挥出来。另外,需要强调的是,体育产业所创造的价值与我国的国际地位及我国体育产业的实际潜能不相适应。由此也可以看出,我国体育产业的提升空间还很大,发展潜力巨大,因此,中国体育产业发展道路任重而道远,要对此引起重视。

二、对体育产业结构的调查与分析

（一）对体育产业结构的调查

"十一五"期间,体育服务业、体育用品业、体育建筑业均有明显增加。体育用品业从 2006 年到 2010 年增加了 910.69 亿元,并在"十一五"期间始终占体育产业增加值的 76% 以上。体育服务业增加值 2010 年比 2006 年增加了 264.11 亿元,体育服务业仍然以较慢的速度在增长。

"十二五"期间,我国建立国家体育产业基地 20 个、国家体育产业示范基地 30 个。目前,体育产业各门类协同融合发展,产业组织形态更加丰富,产业结构的合理性也越来越强,体育产品和服务供给充足,层次呈现出多样化的趋势。体育服务业增加值占比超过 30%。同时,一批具有国际竞争力、带动性强的龙头企业和大批富有创新活力的中小企业、社会组织也涌现出来,形成一批特色鲜明的产业集群和知名品牌。

"十三五"规划的目标为:建设国家体育产业示范基地 50 个、国家体育产业示范单位 100 个,国家体育产业示范项目 100 个。当前,我国正在逐步贯彻和落实这些目标。

(二)对体育产业结构的分析

在一个由核心层、外围层、相关层组成的完整体育产业体系中,其内部各分支行业之间都是相互联系、相互促进的。体育服务业中的健身娱乐业、竞赛表演业是体育产业发展的原动力,要想使整个体育产业繁荣和昌盛,就必须使本体产业得到很好的发展。我国体育产业结构存在的突出问题是:核心产业发展动力不足,体育用品业依旧充当着体育产业结构的主体,体育服务业的主导作用未凸显出来,产业内部结构的矛盾相对突出。

当下,采取哪种方式调整体育产业结构是我国体育服务业实现良性发展急需解决的问题,同时体育产业结构失衡已经演变成限制我国体育产业健康发展的一个瓶颈。

三、体育产业从业人员情况调查与分析

(一)对体育产业从业人员的调查

近年来,国家非常重视服务业的发展,通过一系列的措施,来加快发展服务业,使服务业在三次产业结构中的比重有所提高,尽快使服务业也成为国民经济的主导产业,进而对经济结构调整以及经济增长方式的转变起到积极的推动作用,使能源资源短缺的瓶颈制约得到有效缓解,使资源利用效率得到有效提高。

有关调查结果表明,到"十二五"末期,体育产业增加值超过4 000亿元,占国内生产总值的比重超过0.7%,从业人员超过400万人,体育产业成为国民经济的重要增长点之一。"十三五"规划制定的目标是使体育产业从业人员达到600万人。

（二）对体育产业从业人员的分析

体育产业从业人员主要是指体育服务业的从业人员,这里着重对体育服务业从业人员的情况加以分析。在吸纳就业方面,体育服务业具有独特的优势,具体表现是服务业行业多、门类广、劳动密集、技术密集、知识密集行业并存,就业和创业的方式灵活多样,能够吸纳大量不同层次的人员就业。但是由于我国体育服务业发展缓慢增加值和吸纳的就业人数均明显低于体育用品业,且体育服务业所占的比重明显偏低[①]。在就业结构方面,我国体育产业内部结构的平衡性偏差,体育服务业的发展依旧处在初期阶段。

四、区域间体育产业发展状况调查与分析

（一）区域间体育产业发展状况调查

我国国土面积辽阔,地理环境具有独特的特征,存在沿海东部地区经济较中西部明显发达的现实问题。在多重因素的影响下,我国体育产业的发展同样受到了很大影响。有关调查表明,江苏、浙江、福建、广东等为代表的东部沿海省份的体育产业增加值,要比我国中部地区体育产业增加值多很多,同时和西部地区体育产业增加值之间的差距更大。由此可见,我国西部地区的体育产业迫切需要快速发展。

（二）区域间体育产业发展状况的分析

我国社会的二元结构,导致了较为显著的城乡差距、东西部

---

① 魏建建. 我国体育产业的发展现状研究[D]. 武汉:武汉体育学院,2013.

差距。作为各地经济发展的组成部分,体育产业的二元结构也较为显著。在东部,尤其是沿海、沿江的大中城市,体育产业成为社会投资的热点,发展十分迅速;但是在西部,体育产业却尚未形成规模。所以说我国区域间体育产业发展的不平衡特征十分显著。

与此同时,在经济发展水平的限制和阻碍下,我国不同地区体育服务业发展规模和发展水平的差距日益明显。立足于全局来分析,我国体育服务业主要集中于华东、中南和华北区域,尤其是北京、上海、广州等大城市以及东南沿海经济发达省份,体育服务业发展势头非常好,并且取得了非常理想的发展成效;东北、西南和西北区域的体育服务业发展则相对落后。除此之外,区域间体育产业发展的不平衡性还体现在我国体育用品制造企业在机构数量和从业人数上。

第三节　我国体育产业发展战略

一、发展我国体育产业的必要性

中国特色社会主义新时代是决胜全面建成小康社会、全面建设社会主义现代化强国的时代,也是实现中华民族伟大复兴中国梦的时代。在当前建设体育强国的背景下,我国体育产业发展需要承担崭新的历史使命。

(一)科学发展体育产业是推进体育强国建设的重大举措

根据党的十九大报告发出的伟大号召,加快建设体育强国,就要跟美国等世界一流的体育强国对标。那么,我们现在的差距在哪里,改革开放 40 年的发展历程和经济建设取得的成就表明,发挥核心作用的是两个动力,其中一个动力是在中国共产党的正确领导下来自政府的动力很强,另外一个动力是市场动力随着市场经济的发展而逐步增强。这两个动力共同创造了中国奇迹,同时建设体育强国离不开这两个动力中的任何一个。近年来,体育领域政府的动力越来越强，但对比一流体育强国，市场的动力还比较弱，市场配置资源的作用还不充分，市场主体还比较少，体育产业的规模还太小。倘若这两个方面的动力都有所增强，则能以更快的速度达成做大体育产业、建设体育强国的目标。

（二）科学发展体育产业是推动经济良性发展的重大举措

2017年中央经济工作会议确定了未来经济发展的总方针，就是要实现中国经济的高质量发展。高质量发展是能够很好满足人民对美好生活日益增长的需要、能够体现新发展理念的发展，是使创新成为第一动力、协调成为行动先导、绿色成为普遍形态、开放成为必由之路、共享成为根本目的的发展。高质量发展是中央做出的一个重大判断，标志着我国经济由高速增长阶段步入了高质量发展的新阶段。在这种情况，体育产业必须承担起多项责任。体育产业创造的都是广大群众需要的供给，从某种程度来说更是有效供给以及高质量供给，所以说构成了供给侧结构性改革的重要内容。除此之外，体育产业具备发酵效应，不仅能把第一产业、第二产业、第三产业充分融合在一起，还能对其他产业的可持续发展产生带动作用，对经济转型升级将会演变成一个巨大的新型动力。

（三）科学发展体育产业是满足人民美好生活需要的重大举措

党的十九大做出了重大判断，我国社会主要矛盾已经转化为人民日益增长的美好生活需要和不平衡、不充分的发展之间的矛盾。要想妥善解决好这项矛盾，就必须加大对民生经济的发展力度。体育产业是幸福产业，更是民生经济，看起来是经济活动、是投入产出，实际上创造的成果都是在改善民生，对全生命周期地满足人民对美好生活的需要有独特的、不可替代的意义。

对于青少年而言，需要通过体育产业掌握和丰富体育技能、提高身体素质，为终生健康成长奠定稳固的基础；对于中年人而言，通过体育产业能够应对创业过程中的心理和身体负担，充实愉悦的生活;对于老年人而言,运动是延长健康寿命、提高幸福指数的第一推动力。由此不难发现,体育产业在满足人民美好生活需要的进程中将发挥出日益关键的作用。

二、我国体育产业发展的现状

(一)体育产业发展的整体规模

根据我国有关体育产业统计试点的统计数据显示,2014年年底,我国体育产业总体规模的产值已达到959.83亿元,体育产业吸纳的就业人数为421.5万人,占全国就业总人数的0.5%;体育产业就业的同比增长速度为19.43%,比同期我国第三产业就业增长速度高出15.23个百分点。近几年来,尽管我国体育产业发展规模占国民生产总值的百分点逐年攀升,但美国和欧盟等发达国家则能占到3%~4%,这充分说明我国体育产业还有巨大的发展空间,对国民经济的支撑力度还有待增加。

(二)体育产业的所有制结构组成

目前,非公有制经济在我国体育产业经济结构中已经逐步占据主导地位,形成与公有制经济并驾齐驱的多元化格局。以浙江省的体育产业所有制结构的发展为例,其体育产业的所有制结构组成如下:

(1)在体育服务业中,非公有制经济单位占体育服务业单位比例的87.3%,其中个体企业远远超过行政事业单位、国有企业、集体企业的总和,占总体比例的74.4%。非公有制经济的营业收入占总体营业收入的50.29%,达到7.57亿元,其中个体企业营业收入占总体的22%,为3.31亿元。非公有制经济的从业人员总数占全省体育服务业总体的59.6%。

(2)在体育用品制造业中,非公有制经济完全成为主体,非公有制经济创造的增加值已经达到86.34%,远远超过国有企业和集体企业的0.14%和13.52%的增加值。

着眼于全中国来看,我国体育产业所有制结构已经产生了翻天覆地的变化,以往我国体育事业是在计划经济条件下由政府所垄断的,随着我国经济水平的不断提高以及市场经济体制的确立,这种局面逐渐被打破,我国体育的产业化和社会化水平正在不断提高。当前,我国体育产业投资结构的多元化格局正在慢慢构建起来,我国体育产业将在这种形势下进入高速发展阶段。

（三）体育场馆设施的建设概况

我国经济发展水平在近几年的快速提升,为我国建设体育场馆等基础设施提供了相对充足的资金,为我国体育事业可持续发展打下了相对稳固的基础。

据粗略调查统计,我国共有各类体育场地 615 693 个,占地面积总计达 20.7 亿平方米,建筑面积总计达 7 亿~8 亿平方米,人均体育场地的占有面积由建国初期的 0.05 平方米/人增加到现在的 0.65 平方米/人。而发展到现在,在我国竞技体育快速发展,全民健身运动日益高涨的情况下,我国体育场地及场馆的数量不断增长,广泛地满足了大众参与体育活动的需求。

发展到现在,随着我国体育彩票业的不断发展,国家体育总局和地方各级体育行政部门利用体育彩票的公益金,加大了对群众体育健身场地设施的建设。在全国范围内兴建了 3 531 个"全民健身工程";10 000 多条全民健身路径;新建高尔夫球场 47 个,总占地面积为 4 481 万平方米,约占全国体育场地总面积的 4.18%;新建保龄球场 291 个,总占地面积 40 万平方米;新建台球房、健身房、轮滑场、室外网球场等共计 7 884 个。另外,还为边远贫困地区投资修建健身设施 33 个、全民健身活动中心 21 个。

在我国社会经济持续发展的大背景下,不同类型的体育设施相继建立,这为广大群众参与体育运动提供了诸多便利,也在一定程度上夯实了我国体育消费业的发展基础。

（四）体育产业相关法律的立法

改革开放以来,尤其是市场经济体制确立以来,我国逐渐改变了以往体育事业单纯由政府主导的形式,体育产业的性质也发生了转变,这为体育产业的发展奠定了良好的基础。而所有这些都得益于我国体育产业相关政策及法律法规的转变和建立。目前,我国政府的体育行政主管部门正在积极采取多种措施鼓励不同所有制,如企事业单位、社会团体以及个人兴办体育,兴办体育的行业壁垒也逐渐被打破,体育产业进入了一个快速发展阶段。体育产业相关法律在体育产业发展进程中产生的积极作用反映在以下两个层面:

(1)各种体育相关法律及政策鼓励人们积极参与体育活动。"社会主义社会是全面发展、全面进步的社会。社会主义精神文明是社会主义的重要特征。"培养有理想、有道德、有文化、有纪律的社会主义公民是社会主义精神文明建设的根本任务。而体育活动是提高国民素质和国民精神风貌的重要途径,体育活动的不断增加为体育产业的发展奠定了良好的基础。

(2)国家通过立法手段保证全体人民群众享有体育权利。《中华人民共和国宪法》从宏观上说明了人民群众享有的权利,第二十一条规定"国家发展体育事业,开展群众性的体育活动,增强人民体质"。第四十六条详细规定"中华人民共和国公民有受教育的权利和义务。国家培养青年、少年、儿童在品德、智力、体质等方面全面发展"。《体育法》的颁布与实施,为保证人民更广泛地享有体育运动的权利,促进人民身体健康,保障人民接受体育教育,促使人的全面发展等提供了重要的法律依据。

总而言之,多项体育政策和法规制度的颁布和执行,从法律层面为广大群众参与体育运动的基本权利提供了保障,对我国体育产业的发展进程产生了巨大的推动力。

(五)体育产业的开发领域不断拓展

目前,我国体育产业市场领域已初步建立和形成,很多体育资产和体育资源,包括体育无形资产开始显示出巨大的开发潜力。由于体育无形资产的开发风险小、成本低、收益高,因此也就成为体育产业领域发展的重要组成部分。体育无形资产指不具备实物形态,但因长期形成的品牌效应,能为体育部门使用,由使用价值创造经济效益的无形资源。

近几年来,我国体育无形资产的开发和经营主要体现在:其一,体育比赛、活动和组织的冠名权开发;其二,体育比赛电视转播权的出售;其三,体育组织、比赛标志、专利、特种使用权的经营;其四,体育组织以及用运动员的名义权、肖像权所进行的投资、经营类的广告活动。

以北京奥运会的体育无形资产开发为例,中国奥委会在"中国体育代表团"的特许权开发上取得了明显的成效。中国奥委会在 1996 年参加第 26 届奥运会的"中国代表团"特许权转让及赞助总额高达 4 000 万元人民币;中国奥委会在 2000 年悉尼奥运会上以"合作伙伴""专用产品赞助商""标志特许产品赞助商"三种赞助方式获得赞助费 6 200 万元人民币;中国奥委会在 2004 年雅典奥运会上把赞助企业分为"合作伙伴""高级赞助商""赞助商""供应商"和"徽征特许企业"共五个级别,获得赞助费为 2 000 年的两倍多。而在 2008 年北京奥运会上,中国奥委会赞助企业分为"北京 2008 年奥运会合作伙伴""北京 2008 年奥运会赞助商""北京 2008 年奥运供应商(独家供应商/供应商)"共三个层次,赞助费创历史新高。

(六)体育产业逐步形成多元筹资机制

近几年来,越来越多的中小企业和个人开始积极参与到群众性体育消费市场中,先后成为多个运动项目的投资者。就目前我国体育事业的发展情况来看,国家财政仍是体育事业的基本资金来源,但由于近期内体育产业和体育市场的快速发展,市场在体育经费的配置方面发挥的作用越来越大。2000 年以后,我国体育事业经费的国家财政拨款为每年 50 亿元、非财政性资金 20 亿元。与发达国家比,我国的居民体育消费支出少,约有 60% 的家庭年体育消费不足 100 元人民币,在一定程度上制约了体育产业的主要筹资渠道的畅通。

（七）体育产业成为促进消费的新生力量

在广大群众物质生活水平持续提高以及空闲时间持续增加的背景下,体育的职业化发展趋势和商业化发展趋势越来越显著。在我国经济和社会持续发展的过程中,体育产业在我国国民经济中占据的地位越来越重要。经过一段时间的发展,我国体育产业已经发展成为国民经济新的增长点。体育消费不断增长,体育市场日渐繁荣,体育产业正在成为启动消费、扩大内需的新生力量。

随着我国居民收入水平的逐步提高,解决了衣食温饱的人们开始关注健康、注重生活质量,追求健康文明的生活方式,体育消费意识增强,体育消费逐渐成为一种新的社会时尚。体育进入现代人民的生活,成为日常生活方式中的一个重要方面,体育人口不断增加。据有关资料显示:目前,我国经常参加体育运动的人数多达 2.5 亿人,占全国人口总数的 18%,并且继续呈现出不断增加的趋势。体育用品消费的增长、体育消费人口的增多,促使了体育消费市场的繁荣。

社会政治、经济、文化的发展为体育产业的发展提供了良好的环境,经济的发展带动了体育设施的建设,为人们参与体育活动提供了便利。国家政府大力推进精神文明建设,体育作为国家精神文明建设的重要组成部分,人们参与体育活动受到法律、法规的保护。体育产业的发展具有良好的经济、社会基础。作为国民经济中的一个崭新增长点,体育产业的市场发展潜力不容忽视。

21 世纪,知识经济、网络经济、全球经济飞速发展,一体化的中国体育产业面临着新的机遇和挑战,中国体育产业只有不断加强知识经济、网络经济、全球经济一体化的研究,提高产业知识含量,调整经营管理策略,抢占体育产业制高点,才能在 21 世纪全球激烈竞争的环境下取得长足的发展。

三、我国体育产业发展的对策

（一）把握现状，精准剖析体育产业发展的新趋势

近些年来，我国体育产业取得了优异的发展成绩，但和体育强国仍旧有很大差距。具体来说，一是规模不大，2016 年全国体育产业总规模 1.9 万亿元，占 GDP 的比重为 0.9%，而发达国家体育产业占 GDP 的比重约为 3.5%，要成为支柱产业至少要达到 4%；二是结构不优，体育用品制造业占的比重太大，体育服务业占的比重太小；三是区域发展很不平衡，以泉州为例，晋江作为泉州下设的县级市，去年体育产业实现 1 400 亿元总收入，而有些省份整个省都没有晋江这个县级市的体育产业规模大，区域发展极不平衡；四是经济效益低，缺少国际品牌，"微笑曲线"的两端基本上没有在我们手上。这四个方面的问题不但是我国体育产业在现阶段面临的严峻现实，而且是需要深入挖掘的潜力以及接下来应当为之努力的方向。针对这些现实问题，我国有必要客观分析体育产业发展的新形势。

1. 在社会主要矛盾转化的背景下，体育产业发展的需求更加旺盛

广大群众对自身健康的需求就是体育产业需求。就现阶段来说，全民健康呈现出了较好的发展势头。据权威预测，未来三年，健康产业总需求将达 8 万亿元。体育产业属于大健康产业范畴，虽然目前经常参加体育锻炼的人数只占总人口的 33.9%，但更应让各个年龄段的老百姓都参与进来、普及开来。现在人均体育消费还比较低，如果未来几年体育消费翻一番，经常参加体育锻炼的人口再有较大幅度的增长，体育产业的需求，特别是家庭体育消费的需求将急剧增长。这不但为我国发展体育产业提供了信心，而且表明我国体育产业拥有巨大的发展潜力。

2. 在高质量发展的背景下，体育产业成为各相关产业发展的新动能

体育产业是有较强融合性的产业，它通过跨界融合和空间融

合等多种形式,不断推进体育与其他要素的融合,催生了许多新产品与业态,对拉动相关产业发展具有重要贡献。以旅游产业为例,现在旅游业从业者已意识到,仅依靠景区门票来拉动旅游消费的模式已走到尽头,只有将体育要素融入旅游产业才会有回头客,旅游产品才有核心竞争力。此外,很多产业要实现高质量增长,都需要内容、需要动力、需要竞争力。只有把体育的要素增加进去才可以实现高质量增长,这就是体育的魅力,也是体育产业应该做出的贡献。

3. 在体育强国建设的背景下,体育资源和要素越来越向产业集聚

将举国体制与市场机制有机结合在一起是我国建设成为体育强国的重中之重,但现实情况是我国这两个方面均未做好。真正的"举国体制"是在中国共产党领导下的齐抓共管。一方面,体育部门要和有关部门形成更多联动,目前还没有完全做到;另一方面,很多企业资源还没有得到整合,市场配置资源的作用发挥得还远远不够。所以,我们既要完善"举国体制",也要抓活市场机制,把两者充分结合在一起,确保各项要素有序流通,保证各项资源以更高的效率朝产业集聚。

4. 在新科技革命和产业革命的背景下,体育产业最需要、也最有可能率先智能化

电脑不只是战胜了李世石和柯洁,还翻开了人工智能发展的崭新一页,这属于体育对人工智能发展做出的贡献之一。通过深入分析和研究发现,体育和每个社会成员的健身和健康存在十分紧密的联系,广大社会成员在日常生活中需要有很多智能装备、智能软件和智能管理平台提供服务。这一现实状况不只是体育产业的发展空间所在,更是引领其他行业可持续发展的重要领域。

5. 在生态文明建设强劲推动的过程中,体育产业是绿水青山变金山银山的重要载体和手段

环境保护已经发展成当今经济社会发展普遍达成的共识。

体育产业是绿色产业,绿水青山就是金山银山,冰天雪地也是金山银山。现在的问题是怎样实现绿水青山到金山银山的转化,体育产业就是重要的转化器,用好生态要优先发展体育产业。以福建南平为例,南平市政府就在研究把体育产业摆在促进经济社会发展的重要位置。同时,在 2018 年全国体育产业发展大会上,展示了各种不同类型的体育综合体的典型案例,这些案例大多数都藏在绿水青山之间。由此可见,在保护生态环境和生态文明建设的大背景下,体育产业具有巨大的发展潜力和光明前景。

(二)紧扣目标,准确把握新时代体育产业发展思路

体育产业发展的目标,就是要打造成为国民经济的支柱产业,这意味着我国体育产业增加值要占到同期 GDP 的 4%,而目前仅为 0.9%,任务艰巨。近期目标为,到 2020 年,体育产业的总规模要达 3 万亿元;到 2022 年,体育产业的总规模要达 4 万亿元。由此可以得出,在我国建设体育强国的背景下,体育产业发展的整体思路应当是紧扣这项目标,坚定围绕建设体育强国与"健康中国"的国家战略,严格遵循高质量发展的崭新要求,通过各项可行性手段达到优化存量、扩大增量、提高核心竞争力的多重目标,从根本上推动体育产业的发展进程,致力于使体育产业发展成国民经济支柱产业。

1. 以体育产业规划为引领

体育产业的发展要有规划的引领。我国各级政府部门应尽职履行法律赋予的政策制定与规划布局的职能,引导企业和社会资本的生产、投资。各级体育部门要联合有关部门按照国务院 46 号文件的要求,抓紧细化各个省、市、县的体育产业发展规划,包括到 2020 年、2025 年的规划,明确主攻方向,打造产业链和产业集群;地区之间要形成差异化,不搞恶性竞争;部门之间的产业融合也要有总体规划,要把体育产业规划和地区经济社会发展的规划、城市建设规划、乡村振兴规划等有机结合起来,实现"多规合一"。

2. 以本体产业为核心

就内容来说,体育产业由本体产业和衍生产业组成,发挥核心作用的是本体产业。运动项目产业、健康服务业、体育人才培训产业、体育俱乐部运营、体育版权贸易都是体育本体产业。

(1)运动项目产业

运动项目产业是重要的本体产业。运动项目产业包括原创IP赛事,具体来说就是足球、篮球、冰雪、户外等各项运动形成的赛事产业。

(2)健康服务业

健康服务业也是本体产业,很多体育消费就是因健身而起,把健康服务业这项本体产业做大,会起到很大的拉动效应,衍生出消费链,带动整个产业发展。

(3)体育人才培训产业

体育人才培训产业就是培训体育人才,特别是对青少年的培训,有培训就会有消费,这本身就是产业。

(4)体育俱乐部运营

现在各种各样体育俱乐部的发展势头很好,包括篮球俱乐部、足球俱乐部、山地户外俱乐部、冰雪运动俱乐部,这些俱乐部都是本体产业的细胞,细胞产生裂变,就会带动其他产业发展。

(5)体育版权贸易

体育版权也是体育产业的本体产业。现在的体育版权贸易因为受制于体制,还没有搞活,这一藩篱正在逐步被打破。要通过各类本体产业的发展,带动衍生产业,形成产业链。

3. 以体育综合体为抓手

体育消费是综合性消费,体育产业的发展需要综合体来支撑。政府下一步抓体育产业的重点就是抓综合体建设,通过各类综合体的发展带动体育消费的升级。家庭体育消费具有很强的综合性,一个综合体能够满足一家老小几代人同时在那里消费。

老年人可以打木球、门球；小孩子可以参加击剑、跆拳道等体育技能的培训；青壮年可以在综合体里健身、打球，消除工作的压力和疲劳。如此能使全家的需求都得到充分满足，进而带来持续不断的体育消费，体育综合体就会对整个体育产业的健康发展产生带动作用。

4. 以市场为主体

企业是创造财富的源泉。政府的目标是要扶持和培育出若干具备国际竞争力的大企业。目前，国内知名体育企业跟国际顶尖的体育大企业和机构（如耐克、阿迪达斯以及美国的 NBA、NFL 等）相比数量还太少，品牌聚合度和知名度还不在同一个水平上。事实上，国内很多企业是有潜力的，政府要予以重点支持，同时，还要培育更多的体育中小企业。市场主体的数量和活跃程度是衡量体育产业是否实现高质量发展的核心指标。政府部门要向全社会发出信号，支持创业者从事体育产业，支持转型企业发展体育产业，支持双创企业投入体育产业。

5. 以"体育＋"和"＋体育"为路径

体育产业作为经济活动的一种类型，独立运作很难做大，只有通过融合发展，把体育这滴水融入经济活动的海洋中去，才能形成波涛。政府要引导体育产业与旅游、养老、文化、科技、教育等产业融合发展。体育的融合发展要坚持"三个有利于"，即只要有利于为老百姓造福、只要有利于把产业做大、只要有利于现代化强国建设，各级部门就要勇敢地去做，自觉、自愿、坚定不移地去做，不必在意这个成绩记在哪一家的头上。除此之外，有关部门应当从根本上推动体育产业统计朝着科学化方向发展。

6. 以产业园区、基地和大数据为平台

我国当前已经进入平台经济时代，体育产业的发展同样应严格遵循相关的经济规律，把做大平台设定为发展目标之一。以体

育产业园区为例,我国各地区的体育产业园区数量偏少,政府有很大必要出台有关政策鼓励此类平台朝着更好的方向发展。与此同时,政府还要建立体育产业数据平台、产业基金及工程技术服务中心等平台,通过平台建设推动体育产业发展。除此之外,我们也应意识到,体育部门很难有这样的专门人才和实力直接运作这类平台,所以要充分调动市场的力量。

7. 以创新为动力

体育产业的创新是全方位的。目前,市场基本达成共识,即体育产业现在的存量如果不转型,就是死路一条,必须要积极转型,加快创新。这个创新包括技术的创新、内容的创新、商业模式的创新,通过全方位地创新推动企业的发展。例如,现在有一些大型体育场馆,只做一些培训和体育赛事,只知道收租金,这是比较低端的产业形态。高质量发展必须要以创新为动力。

8. 以体育产业政策为保障

经济发展离不开良好的环境,而想要拥有良好环境则需要政策发挥优化作用。现在关键的问题是要抓好落实,使政策变成环境,变成创业者和企业家的定心丸。

(三)明确主攻方向,引领体育产业高质量发展

抓产业链和产业集群是推动现代经济快速发展的关键,原因在于只有形成了产业链和增长极,才能具备集聚效应、辐射效应和带动效应,才能够实现乘数增长、倍数增长。为此,我们应当汇集多方力量打造以下六大产业链,大力培育产业集群,由此形成增长极。

1. 要主攻健身休闲产业链

健身休闲产业链就是指老百姓在闲暇时间通过运动场所进行休闲、养生、养心、健康等活动消费所形成的产业链。具体包括

以水、陆、冰雪为载体的户外运动休闲和以练肌肉和体能为主要活动内容,以健身房、集装箱健身房、冲浪健身房以及网上电子舞为载体的室内运动休闲等产业形态。相关资料显示,健身休闲业在美国体育产业中排第一,美国体育产业能够成为支柱产业,第一靠健身休闲业,第二靠赛事表演业。近年来,随着我国人民生活水平的提高,健身休闲需求前所未有地旺盛。

2. 要主攻智能体育产业链

智能体育将会成为一个最具潜力的体育产业链。这个产业链是随着人工智能、人们对健身科学化的需求而产生的,它的形态包括硬件、软件和互联网的增值服务。通过调研发现,市场上很多智能体育装备,通过扫二维码而不需要有人现场监测,数据就可以上传给家庭医生,上传到健身管理中心。未来随着智能体育全面普及,很可能每一个人都有一个智能手表,有一件内含可穿戴设备的衣服,每天运动都可以进行数据记载,可以提醒什么时候健身、怎么健身,并且提供运动处方和康复建议。智能体育会带来一个巨大的产业,包括软件的开发、智能装备硬件的升级、云平台的搭建和一系列智能化相关服务。我们应当以长远的眼光牢牢瞄准这个方向,对智能体育产业链的健康发展产生引领作用。

3. 要主攻竞赛表演业产业链

竞赛表演业是以体育赛事为龙头,以观赏体验为主要形式的经济活动构成的产业链。竞赛表演业的具体形态包括赛事的策划、赛事的中介、赛事的组织、赛事的经营、赛事媒体的运营等。竞赛表演业在美国是体育产业的重要支柱,而国内现在就缺少像美国四大联赛这样的赛事。但各方面情况表明,我国拥有很多赛事,完全有条件打造超过四大联赛的品牌,可以实现同样甚至超过四大联赛的市场规模,基于我国的整体情况应当采取以下措施:

(1)国家体育总局要带头和各项目中心、协会形成联动,打造国际、国内知名的自主体育赛事品牌,如马拉松赛事,可以围绕国家大战略,打造京津冀马拉松、长三角经济带马拉松等赛事品牌。

(2)针对自行车运动,可以培育环中国自行车赛等原创的赛事品牌。

(3)打造系列赛事,包括国家级的专业赛事、业余赛事和青少年赛事。值得一提的是,青少年赛事要按年龄,一个年龄段搞一个赛事。青少年是体育消费的主流,不把青少年赛事体系建立起来,很难把竞赛表演业做大。

(4)在全国推行公共体育场馆的"两改"工程,一方面要改造功能,让大型体育场馆有全民健身的功能;另一方面要改革体制,把公共体育场馆交给市场运作,不要永远抓在政府部门手上。我们只有把场馆按"两改"思路搞活,把资源放开,才能够彻底带动竞赛表演业的发展

(5)搭建赛事平台,特别是要搭建以赛事为核心的体育综合体。

4. 要主攻体育培训产业链

体育培训就是以提高青少年,也包括全体国民的体育技能为目的的培训和相关服务。在国外,面向青少年的户外培训遍地开花。我国政府部门也要把体育培训做成一个大产业。体育培训市场很大,现在要求所有青少年掌握三项以上的体育技能,仅依靠学校的体育教学力量、场地设施不可能完成这个任务。我们要大力倡导社会组织、市场主体发展培训俱乐部、发展培训营地,特别是要大力开展冬夏令营,让青少年有多种选择的条件,用99个体育项目培训来充实青少年每年校外150多天的时间,帮助他们掌握体育技能、强健体魄、缓解压力,也带来持续的体育消费,拉动体育培训产业链的发展。

5. 要主攻体育用品制造和服务全产业链

体育用品制造业要升级,要创新商业模式,推动产品和技术

的创新,打造研发、生产、销售、服务的全产业链,特别是要引导体育用品制造企业拓展体育服务业务,在服务中开拓新市场,这是体育用品制造业转型的方向。我国在现阶段的关键性任务是打造在世界范围内拥有巨大影响力的民族体育用品品牌,密切联系全民健身和建设体育强国的大背景,结合服务升级来拓展市场,打造在世界范围内拥有知名度和美誉度的体育用品制造企业。

6. 要主攻体育彩票产业链

体育彩票是体育事业发展的生命线,但现阶段的彩票业需要妥善解决很多项发展问题,最突出的问题就是彩民结构未达到合理性要求,70%的彩民是低收入人群,要通过将彩票消费人群向白领扩展的途径,着力扭转这种局面和比例。要积极向老百姓塑造体育彩票的公益形象,即买体育彩票就是做公益、就是支持全民健身。要改革彩票发行模式,要便利、增加网点,增加现代新的手段,还要改革彩票公益金的使用方向和比例,让体育彩票更多用于公益,用在老百姓身边,让老百姓受益。这样就会形成一个从品种的策划,到彩票的印制,到终端机的设备包括其他衍生服务的体育彩票产业链。

(四)破解发展瓶颈,为体育产业发展提供良好环境

诸多调研结果表明,我国体育产业在发展过程中面临以下几个发展瓶颈,急需运用有效手段予以破解。

1. 要破解产业政策的完善与落实的瓶颈

关键问题是税收政策、水电价格、金融保障、安保成本等几方面政策。在此基础上,体育总局要持续、加大力度做地方政府和相关部门的工作,针对这几个政策瓶颈联合有关部门进一步细化相关产业政策。

2. 要破解国内国外两个市场开拓的瓶颈

很多知名企业家提到,现阶段经营的产品在生产能力和做到

世界第一两个方面都没有问题,问题的关键是怎样扩大消费、拓宽市场。而开拓国内市场的途径就是要全力推动全民健身,即通过系统性地宣传和推动落实"六个身边"工程,开拓更大的国内消费市场。此外要积极开拓国际市场,特别是周边国家的市场。

3.要破解媒体服务瓶颈

体育总局将积极推动形成一个有效竞争的媒体市场,让体育版权实现应有的价值。目前,体育总局正在推动成立自己的电视台,旅游卫视已经跟体育总局合作,变成了体育旅游卫视,未来将有一半以上的黄金时间播体育赛事;同时和有关方面联合打造了足球频道,2018年要全面开播;教育台二套要打造成青少年体育频道,2018年也要向社会转播赛事和培训活动;还与中国国际广播电台等联合打造极限运动频道、冰雪运动频道等体育频道。

4.要破解人才瓶颈

充分发挥体育明星的主观能动性,激励他们通过开展培训转行为体育产业的创业者。要求体育院校加大培养体育经营管理人才的培养力度,积极引进世界各国各方面的专业人才,自觉与各个方面进行协作,尤其要与地方人才政策接轨。

5.要破解基础设施建设瓶颈

建设体育产业基础设施不能只依靠体育部门,各级体育部门要推动地方政府加大支持力度。特别是要积极推动在全国建设百万公里健身步道,这是体育总局即将实施的一项重大的体育产业基础设施工程,目的是要通过步道的建设带动航空运动营地、房车营地、自驾车营地等产业的发展。此外,还要建设各种健身中心,打造体育产业发展的平台,这些瓶颈都需要我们通过形成合力去加快破解。

(五)切实履行职责,挖掘和发挥政府的多重作用

从根本上来说,政府发展体育产业就是指各级各类政府机构

通过指导、规划、协调、服务、监督等方式,对体育产业发展的客体施加一系列影响,及时纠正体育产业发展中发生的偏差,使体育产业发展符合国家经济发展战略和目标的动态过程。多年来,体育产业的发展一直处在自发状态,体育部门特别是地方体育部门的作用发挥不足。因此,在我国建设体育强国的背景下,我国各级政府和职能部门应当在统一认识、凝聚共识、认清形势、明确目标与发展思路的前提下,加大力度落实中央提出的"发挥市场在资源配置中的决定性作用和更好发挥政府作用"两点要求。

1.各部门要联合研制规划

相关调研表明,现阶段国家层面的很多运动项目产业规划已经相继出台,省、市、县的同类规划很多却处于空白状态,当务之急是尽快跟进。

2.完全放开体育资源

要放开所有体育赛事资源,并通过开展公共体育场馆的"改造功能、改革机制"两改工程,利用市场机制,主动配置各种要素。

3.树立和推广体育企业的典型

有效培育、树立和推广企业典型,搭建交流平台,带动大家相互学习和借鉴,高质量完成各项服务工作。

4.要做好产业统计、表彰、综合执法等基础保障工作

体育产业在发展过程中涉及很多法律规章问题。以帆船俱乐部为例,其运营就涉及很多法律法规。因此,各地体育部门要推动设立专门的产业机构,招募懂经济、懂法律的人才,加强体育产业的力量。

参考文献

[1]王智慧.体育强国的评价体系与实现路径研究[D].北京:北京体育大学,2014.

[2]严红玲.我国体育法制建设发展中的问题与对策[J].体育与科学,2013(5).

[3]"提升我国体育文化软实力核心问题研究"课题组.中国体育文化软实力及其提升[M].北京:科学出版社,2015.

[4]刘美桂."体育强国"评价指标体系的构建[D].武汉:武汉体育学院,2014.

[5]任海.体育强国的国际影响力[C].中国科学技术协会学会学术部会议论文集,2009.

[6]王志文,孙明泽.体育强国评价指标体系的构建[J].当代体育科技,2014(5).

[7]易剑东.体育文化学[M].北京:北京体育大学出版社,2006.

[8]黄海燕.我国体育产业结构优化的原则、目标与实施路径[J].体育科研,2012(4).

[9]魏建建.我国体育产业的发展现状研究[D].武汉:武汉体育学院,2013.

[10]赵勇.新时代中国体育产业发展战略路径和对策措施研究[J].体育文化导刊,2018(3).

[11]王爱春.新常态下我国体育产业发展机遇与战略议[J].黑河学院学报,2018(2).

[12]唐广宁.我国体育产业的 SWOT 分析及其发展战略研究[J].沈阳体育学院学报,2012(1).

[13]降兴华.竞技体育的教育价值解读——以常春藤盟校竞

技体育为例[D].太原:山西大学,2013.

[14]曾志刚,彭勇.竞技体育文化的几点内涵探析[J].井冈山学院学报(自然科学版),2006(2).

[15]张恳,李龙.我国现代竞技体育文化的特征[J].体育学刊,2010(8).

[16]刘为坤,缪佳,鲁梦梦.论西方竞技体育文化形态之嬗变[J].沈阳体育学院学报,2018(4).

[17]谭华.体育史[M].北京:高等教育出版社,2009.

[18]白晋湘.论中国民族传统体育文化与西方竞技体育文化的冲突与互补[J].北京体育大学学报,2003(5).

[19]顾春雨,李少丹.我国竞技体育优势项目形成与发展的历史演进[J].北京体育大学学报,2015(4).

[20]阳艺武,吕万刚,郑伟涛.我国竞技体育后备人才培养现状与发展评价[J].上海体育学院学报,2015(3).

[21]李龙,陈中林.现代竞技体育文化的和谐内涵[J].体育学刊,2007(3).

[22]王祖爵.奥林匹克文化[M].北京:中国水利水电出版社,2005.

[23]金宗强,李宗浩,叶加宝,等."后奥运时代"我国竞技体育可持续发展的宏观对策研究[J].天津体育学院学报,2008(1).

[24]佟岗.强国梦背景下国家冰雪运动文化建设探索[J].冰雪运动,2015(4).

[25]张瑞林.学校体育管理学[M].北京:高等教育出版社,2014.

[26]刘光锐,赵波.浅谈奥林匹克运动对学校体育的影响[J].当代体育科技,2017(20).

[27]陈羲.高校体育教学改革现状、发展走向及改革对策的研究[J].宿州学院学报,2011(5).

[28]徐建平.大学体育教学的现状及创新措施的研究[J].赤峰学院学报(自然科学版),2016(3).

[29]徐晓良,张海波.体育全球化背景下我国民族传统体育

发展的对策思考[J].体育科技文献通报,2007(7).

[30]石爱桥.民族传统体育概论[M].北京:人民体育出版社,2014.

[31]刘梅英,田雨普,周丽萍.体育强国视域下我国群众体育发展对策探索[J].武汉体育学院学报,2009(7).

[32]杨桦,王凯珍,熊晓正,等.改革开放以来我国群众体育的发展演进与思考[J].北京体育大学学报,2005(6).

[33]于军.建设体育强国进程中群众体育发展战略[J].山东社会科学,2013(12).

[34]刘志敏,等.促进体育强国与全民健身运动协调发展战略研究[M].北京:北京体育大学出版社,2014.